Vor dem Tourenstart

Rucksackküche

Know-how für unterwegs

Gefahren

Umwelt- und Naturschutz

Packlisten

Index

Das schwedische Fjäll bietet hervorragende Trekkingmöglichkeiten

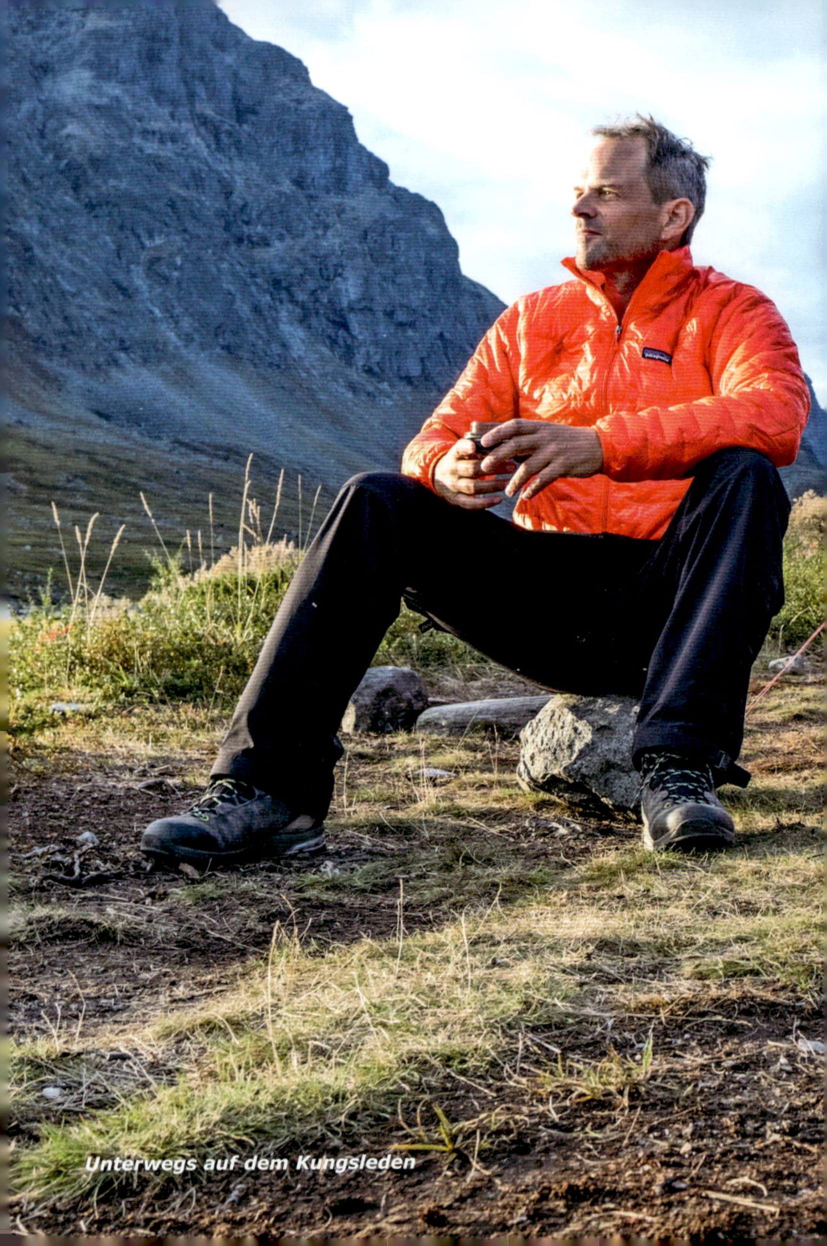

Unterwegs auf dem Kungsleden

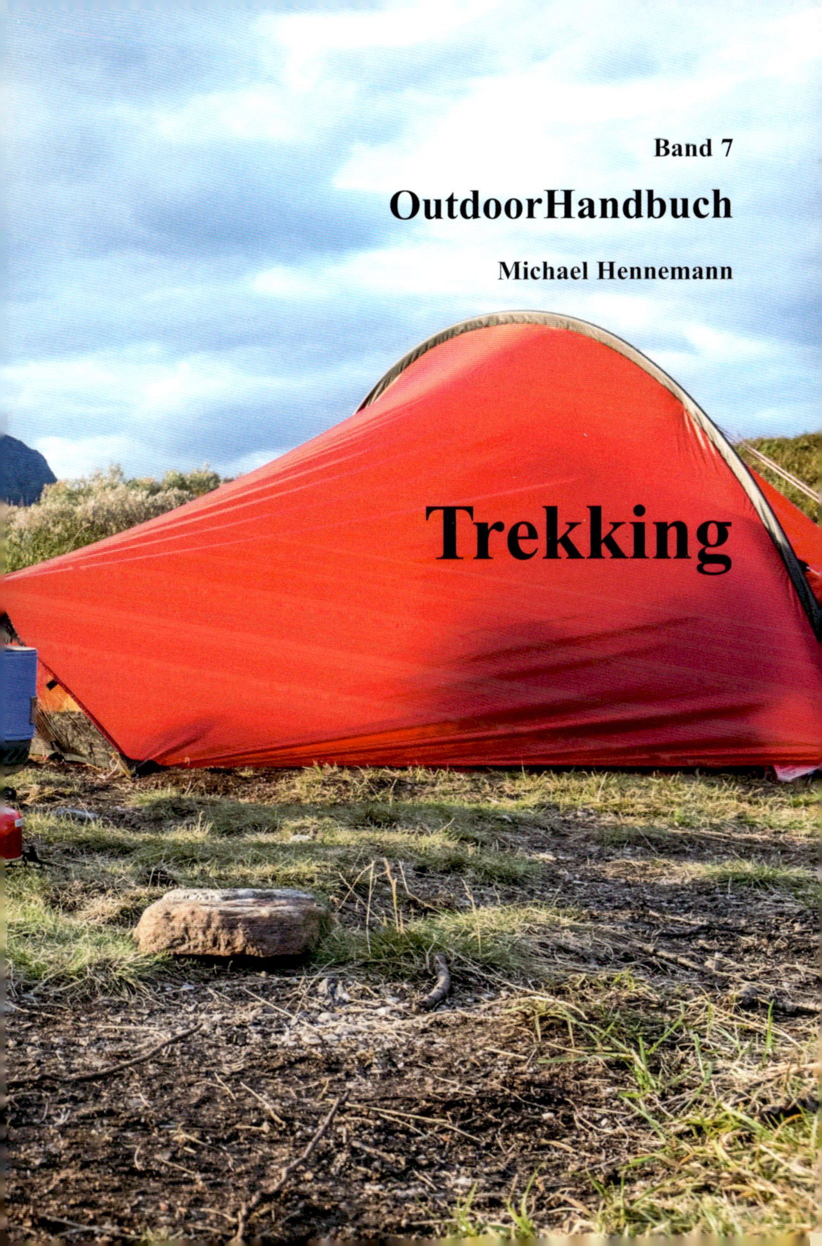
Band 7
OutdoorHandbuch
Michael Hennemann
Trekking

Trekking

Der Autor und der Verlag sind für Lesertipps und Verbesserungen (besonders per E-Mail) unter Angabe der Auflagen- und Seitennummer dankbar.

Dieses OutdoorHandbuch hat 96 Seiten mit 28 farbigen Abbildungen sowie 4 farbigen Illustrationen. Es wurde auf chlorfrei gebleichtem, FSC®-zertifiziertem Papier gedruckt, in Deutschland klimaneutral hergestellt und transportiert und wegen der größeren Strapazierfähigkeit mit PUR-Kleber gebunden.

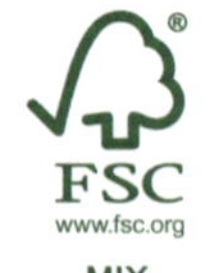

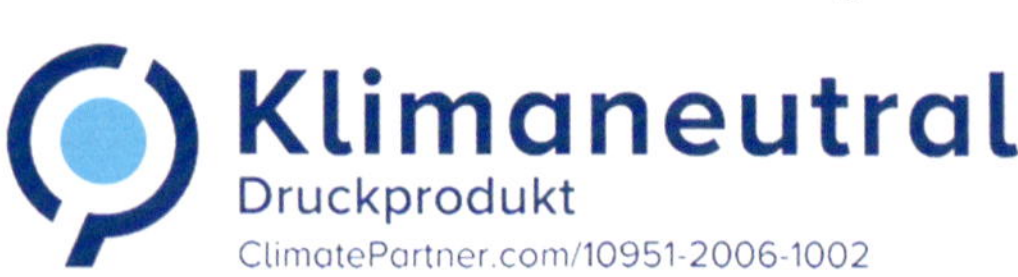

Dieses Buch ist im Buchhandel und in Outdoor-Läden erhältlich und kann im Internet oder direkt beim Verlag bestellt werden.

OutdoorHandbuch aus der Reihe „Basiswissen für draußen", Band 7

ISBN 978-3-86686-007-0 2., überarbeitete Auflage 2020

Text und Fotos: Michael Hennemann
Lektorat: Anna-Lena Ebner
Layout: Alexandra Sauerland

Gesamtherstellung: gutenberg beuys feindruckerei

Dieses OutdoorHandbuch wurde konzipiert und redaktionell erstellt vom:

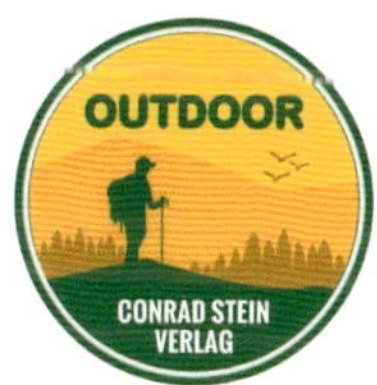

Conrad Stein Verlag GmbH, Kiefernstr. 6, 59514 Welver,
☎ 023 84/96 39 12, FAX 023 84/96 39 13
info@conrad-stein-verlag.de,
www.conrad-stein-verlag.de

Besuchen Sie uns bei Facebook & Instagram:

 www.facebook.com/outdoorverlag

 www.instagram.com/outdoorverlag

Titelfoto: Trekking in der Hohen Tatra, Polen

Inhalt

Einleitung 8

Vor dem Tourenstart 11

Allein, mit Partner oder in der Gruppe? 12

Trekkingziele 14

Die schönsten Routen in Europa 15

Trekking weltweit 20

Reiseplanung 24

Informationsbeschaffung 25

Wanderführer und Landkarten 26

Der Trekking-Kalender 29

Trainieren für die Trekkingtour? 32

Ausrüstung 33

Bekleidung 34

Schuhwerk 38

Schlafsack 39

Isomatten 42

Zelt 42

Weitere Ausrüstungsgegenstände 48

Gewichtsoptimierte Ausrüstung 45

Weitere Ausrüstungsgegenstände 46

Rucksack 50

Den Rucksack richtig einstellen 51

Richtig packen 52

Rucksackküche 54

Kocher 56

Benzinkocher, 56

Mehrstoffkocher 56

Gaskocher 56

Spirituskocher 57

Trinkwasser 59

Proviant 60

Know-how für unterwegs 65

Wissen, wo's langgeht: Hilfen für die Orientierung 66
- Kompass 66
- GPS 67
- Smartphone 68
- Höhenmesser 69

Trekking mit Kindern 69
Zeltplatzwahl 70
Lagerfeuer 71
Fotografie 72
Kommunikation 73

Gefahren 77

Wettervorhersage 78
Verhalten bei schlechter Sicht 79
Gewitter 79
Windchill 80
Flüsse sicher durchqueren 80
Schnee & Eis 80
Verhalten bei Verletzungen/Krankheiten 82
Tiere unterwegs 83

Umwelt- und Naturschutz 84

Packlisten 86

Gemeinsame Ausrüstung 87
Persönliche Ausrüstung 88
Zusätzliche Winterausrüstung 90

Index 93

Einleitung

Dieses Buch beleuchtet in kompakter Form alle wichtigen Aspekte rund um die Planung und erfolgreiche Durchführung einer Trekkingtour.

Was aber genau ist „Trekking" eigentlich? Die geführte Wanderreise durch die Bergwelt Nepals zählt ebenso dazu wie die Hüttentour auf dem Kungsleden durch das schwedische Fjäll oder eine mehrtägige Wanderung auf dem Harzer Hexenstieg.

Gemeinsam ist allen Unternehmungen das elementare Naturerlebnis für Tage oder sogar Wochen. Und genau das macht aus meiner Sicht den besonderen Reiz dieser Reiseform aus. Schnell sind die Schweißperlen auf der Stirn getrocknet, sobald ein Pass erklommen ist. Das überwältigende Panorama über Gipfel, Schluchten und glitzernde Wasserläufe im Tal entschädigt für alle körperlichen Anstrengungen und führt einem eindrucksvoll vor Augen, dass das Leben mehr zu bieten hat als Büroarbeit und man auch gut ohne Luxusartikel zurechtkommt.

Ganz ohne Hilfsmittel und die richtigen Ausrüstungsgegenstände geht es dann allerdings doch nicht und so ergibt sich gerade bei Einsteigern, für die dieses Buch in erster Linie gedacht ist, vor dem Start eine ganze Reihe von Fragen: Wie groß sollte der Rucksack sein? Brauche ich ein Tunnel- oder Igluzelt? Worauf sollte ich bei der Auswahl des Schlafsacks achten und kaufe ich besser einen Spiritus-, Gas- oder Benzinkocher?

Die perfekt zusammengestellte Ausrüstung ist nur einer von vielen Faktoren, die die Trekkingtour gelingen lassen. Wie plant man eine Tour am besten, um möglichst gut auf eventuelle Hindernisse und Gefahren vorbereitet zu sein? Was hilft gegen drückende Wanderstiefel? Wie finde ich mit Karte und Kompass meinen Weg und wo gibt es unterwegs Trinkwasser?

Damit Ihre Trekkingtour gelingt, habe ich meine während der letzten 20 Jahre auf weltweiten Trekkingtouren gesammelten Erfahrungen in diesem Buch zusammengetragen. Wie so oft im Leben sind aber auch beim Trekking die eigenen Erlebnisse durch nichts zu ersetzen. Dazu zählen die schönen Momente genauso wie negative Erfahrungen, die leider nicht ausbleiben werden.

Den wichtigsten Tipp gibt es daher gleich jetzt: Übertreiben Sie es nicht und fangen Sie lieber klein an. Planen Sie nicht als Erstes eine Überquerung des grönländischen Inlandeises und nehmen Sie sich nicht den kompletten Appalachian Trail (immerhin über 3.500 km Strecke!) vor.

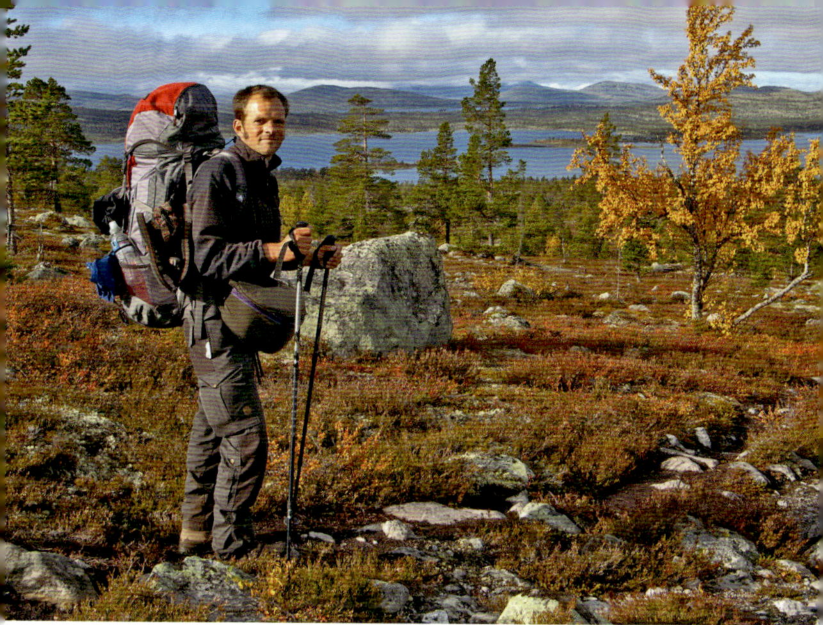

Trekking ist das unmittelbare Naturerlebnis

Suchen Sie besser ein nahe gelegenes Abenteuer und beginnen Sie mit einer leichten Wochenendwanderung im Wald oder Mittelgebirge vor der eigenen Haustür. Trekking soll Spaß machen und nicht die sportliche Höchstleistung steht im Vordergrund, sondern das unmittelbare Naturerlebnis. In diesem Sinne wünsche ich Ihnen zunächst eine erkenntnisreiche Lektüre und dann viele schöne und erlebnisreiche Touren.

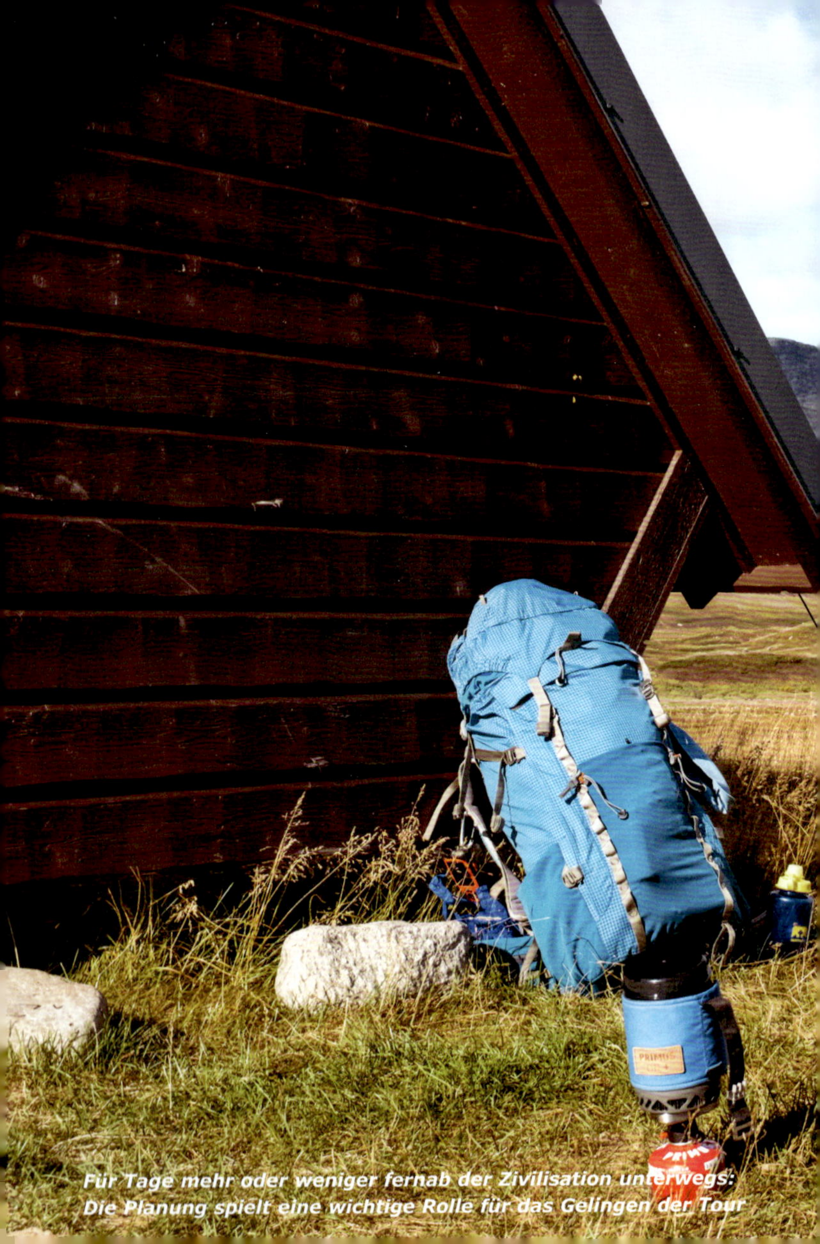

Für Tage mehr oder weniger fernab der Zivilisation unterwegs:
Die Planung spielt eine wichtige Rolle für das Gelingen der Tour

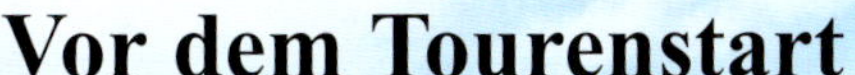

Vor dem Tourenstart

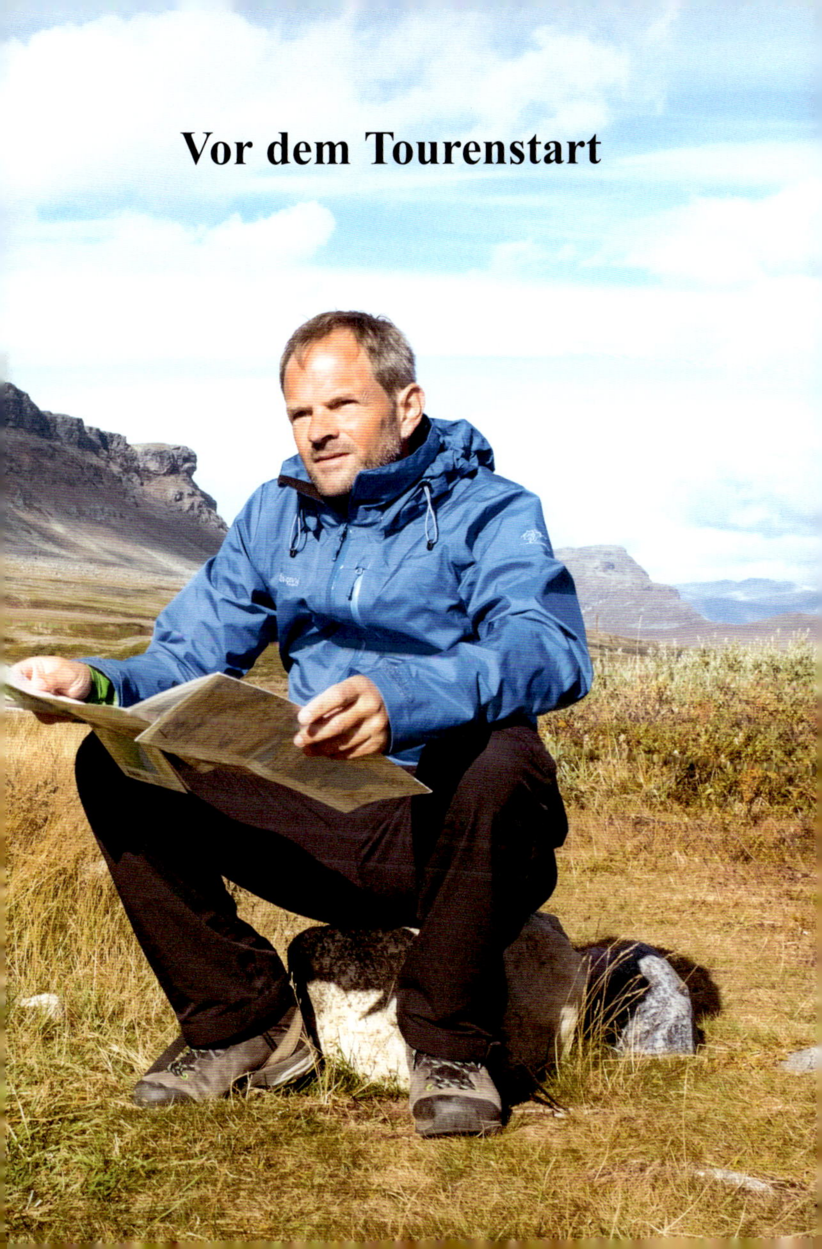

Trekking ist nicht schwer. Im Grunde genommen brauchen Sie nur den Rucksack zu packen und dann einen Fuß vor den anderen zu setzen. Doch halt: Mit unrealistischen Vorstellungen sind Enttäuschungen und Ärger vorprogrammiert. Eine erfolgreiche Trekkingtour fängt schon lange vor dem ersten Schritt an und am besten beginnen Sie mit der gezielten Auswahl von Reiseziel und -partner(n).

Allein, mit Partner oder in der Gruppe?

Eine wichtige Entscheidung neben der Auswahl des Reiseziels (dazu gleich mehr) ist die Frage, mit wem Sie auf Tour gehen. An dieser Stelle muss ich gestehen, gerne allein unterwegs zu sein. Die Gründe dafür sind vielfältig: Das Naturerlebnis ist intensiver, man hat viel Zeit zum Nachdenken und ist völlig frei in seinen Entscheidungen.

Findet man ein idyllisches Plätzchen, so kann eine Pause eingelegt oder sogar das Zelt aufgebaut werden, ohne dass man sich abstimmen muss, und niemand ist genervt, wenn ich das dritte Mal auf einem Kilometer den Rucksack von den Schultern werfe und die Kamera zücke, um eine Blume am Wegesrand zu fotografieren.

Eine Solotour ist natürlich nicht jedermanns Sache, mit ein bisschen Erfahrung und der richtigen Planung lässt sich aber das Sicherheitsrisiko minimieren, das insbesondere auf abgelegenen Routen ohne Zweifel besteht.

🕮 **Solotrekking** von Dietmar Heim und Dirk Klawatzki, Basiswissen für draußen, Conrad Stein Verlag, ISBN 3-978-3-86686-045-2, € 7,90

Gerade für Anfänger empfiehlt es sich aber, mindestens einen geeigneten Reisepartner zu suchen. Eine Trekkingtour zu zweit bietet folgende Vorteile:

▷ Ein großer Teil der Ausrüstung lässt sich auf zwei Rucksäcke verteilen.
▷ Probleme und Unstimmigkeiten lassen sich schnell aus der Welt räumen.
▷ In Notsituationen und bei schweren Entscheidungen ist man nicht allein.

Problematischer ist dagegen die Dreiergruppe:

▷ Reicht ein Kocher, braucht man zwei Zelte?
▷ Bei Streit kann es zur Cliquenbildung kommen und schnell steht einer dann allein da.

Die Vierergruppe ist rein rechnerisch eine doppelte Zweiergruppe: Jeweils zwei Leute können gemeinsame Ausrüstung wie Zelt und Kocher aufteilen. Die Gruppe kann aber schon recht unbeweglich werden.

Grundsätzlich gilt: Je größer die Gruppe, desto schwerer die Abstimmung. Besonders problematisch sind unterschiedliche Kondition und Leistungsfähigkeit der einzelnen Gruppenmitglieder. Diejenigen, die schnell unterwegs sind, verlieren bald den Elan, weil sie immer wieder warten müssen. Die „Nachzügler" wiederum kommen kaum dazu, sich an der Umgebung zu erfreuen, weil sie stets darum bemüht sind, den Anschluss zu halten, und ständig hinterherhecheln.

Weitere Faktoren, die für Missmut innerhalb der Gruppe sorgen, sind unterschiedliche Gewohnheiten, z. B. beim morgendlichen Aufstehen und auch Meinungsverschiedenheiten lassen sich schwerer klären.

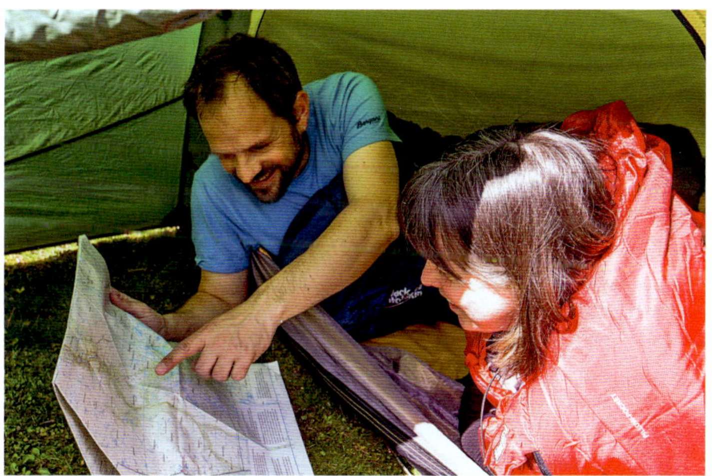

Im Team lassen sich Entscheidungen gemeinsam treffen und die Wanderpartner können sich gegenseitig ergänzen

Etwas anders sieht es bei gebuchten Gruppenreisen aus, die von einem erfahrenen Berg- oder Wanderführer mit großer persönlicher Autorität geleitet werden. Gerade wenn es sich um technisch oder klimatisch anspruchsvolle Wanderungen handelt, ist man in einer fachmännisch geführten Gruppe gut aufgehoben.

Eine Internetsuche mit dem Stichwort „Trekkingreise" führt zu einer reichhaltigen Auswahl an spezialisierten Reiseveranstaltern.

Bei selbstorganisierten Touren ergibt sich die Partnerwahl oftmals von selbst, da Freunde, Bekannte oder Ehepartner gleiche Interessen haben. Wer im persönlichen Umfeld niemanden für das Wildnisabenteuer findet, kann mit einem Zettel am Schwarzen Brett des örtlichen Ausrüstungsladens oder durch ein Gesuch in den entsprechenden Internetforen (Adressen siehe ☞ Informationsbeschaffung) sein Glück versuchen.

Trekkingziele

Beginnen Trekking-Enthusiasten zu träumen, so denken sie mit großer Wahrscheinlichkeit an Reiseziele wie Nepal, Peru oder Neuseeland. Aber auch in Europa locken von den einsamen Bergen in (Nord-)Skandinavien, über die Gipfel von Pyrenäen oder Hoher Tatra bis zu den mediterranen Küstenpfaden in Ligurien oder auf Kreta zahlreiche Trekkingrouten der Güteklasse A. Und selbst im dicht besiedelten Deutschland findet man zwischen Rügen und Alpen unzählige erstklassige Wanderabenteuer.

Um dem Alltag den Rücken zu kehren, muss man nicht in ein Flugzeug steigen. „Outdoor" beginnt im wahrsten Sinne gleich vor der Haustür. Reichhaltige Informationen rund um das Wandern in Deutschland und eine Übersicht vieler markierter Langstreckenwanderwege in Deutschland bietet die Plattform „Wanderbares Deutschland" des Deutschen Wanderverbands (💻 www.wanderbares-deutschland.de).

Dieses Kapitel kann und will nur ein Schlaglicht auf besonders lohnende Trekkingziele in Europa und der Welt werfen und sicherlich wird der ein oder andere „seinen" Traum-Trek vermissen.

Die Auswahl muss zwangsläufig subjektiv bleiben. Herausgekommen ist eine bunte Mischung von bekannten Klassikern und weniger bekannten Routen und neben kurzen, einfachen Touren finden sich auch anspruchsvolle, wochenlange Wildnistrips. Diese „Bestenliste" soll Lust darauf machen, die Wanderstiefel zu schnüren, und Sie dabei unterstützen, den zu Ihren Vorlieben passenden Trail zu finden.

Die schönsten Routen in Europa

Ob skandinavisches Fjell, Alpen, Karpaten oder Sierra Nevada – zwischen Nordkap und Gibraltar lassen sich mehr Ziele finden, als ein Trekker in seinem Leben je unter die Wanderstiefel nehmen kann.

1. Laugavegur

Ausgangspunkt: Landmannalaugar
Endpunkt: Þórsmörk
Lage: Island
Länge: ca. 55 km
Beste Trekkingzeit: Juli/August
Info: 💻 www.fi.is

Der Laugavegur-Trek führt in vier Tagen durch den Süden Islands vorbei an Vulkanen, blauschwarzen Lavafeldern, tiefen Schluchten, Gletschern und heißen Quellen. Abgesehen von einigen Fluss-Überquerungen weist die Strecke keine größeren Schwierigkeiten auf. Übernachtet wird in Hütten oder im Zelt.

2. Hardangervidda

Ausgangspunkt: Röldal
Endpunkt: Finse
Lage: Südnorwegen
Länge: ca. 120 km
Beste Trekkingzeit: Juli-Oktober
Info: 💻 www.visitnorway.com

Die Hardangervidda westlich von Oslo ist die größte Hochebene Europas und ihre Ausmaße sind so gewaltig, dass das Saarland dreimal darin Platz fände. Genug unendliche Weite für ausgedehnte Wanderabenteuer also.

3. Bärenrunde

Ausgangspunkt: Hautajärvi
Endpunkt: Ruka
Lage: Nordfinnland
Länge: ca. 80 km
Beste Trekkingzeit: Juni-September
Info: 💻 www.outdoors.fi

Die Bärenrunde im Oulanka-Nationalpark begeistert mit rauschenden Stromschnellen, unberührten Wäldern und tiefen Canyons. Sie zählt zu den beliebtesten Weitwanderwegen in Finnland und ist vorbildlich markiert. Entlang des Pfades laden zahlreiche offene Wildmarkhütten zu einer urigen Übernachtung ein.

4. Nordkalottleden

Ausgangspunkt: Kvikkjokk
Endpunkt: Kautokeino
Länge: ca. 800 km
Lage: Lappland (Norwegen/Schweden/Finnland)
Beste Trekkingzeit: Juni-September

Der Nordkalottleden verknüpft bekannte Nordland-Klassiker wie Kungsleden und Padjelantaleden mit unbekannteren Wanderregionen wie der Finnmark zu einem abwechslungsreichen, über 800 km langen Weitwanderweg, der insgesamt 15 Mal die Grenzen zwischen Norwegen, Schweden und Finnland passiert.

Der Nordkalottleden führt durch die einsame, traumhaften Bergwelt im äußersten Norden Skandinaviens

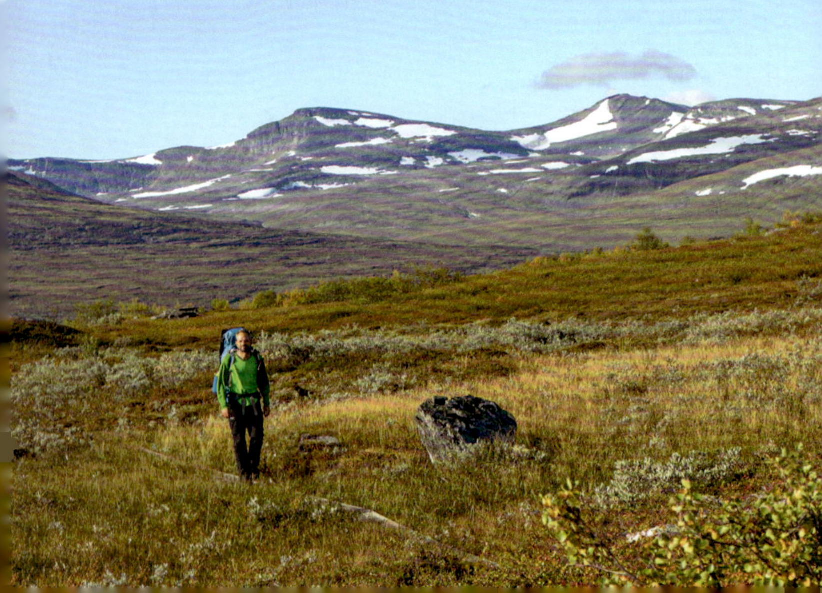

5. Sarek

Ausgangspunkt: Akka-Stausee
Endpunkt: Kvikkjokk
Lage: Nordschweden
Länge: ca. 100 km
Beste Trekkingzeit: Juli-August
Info: 💻 www.visitsweden.com

Sobald der Name „Sarek" fällt, beginnen die Augen von Trekking-Experten zu leuchten. Leicht ist die Tour allerdings nicht und eine Durchquerung des Nationalparks, in dem sich zu den 13 höchsten Bergen Schwedens über 100 Gletscher gesellen, setzt neben Erfahrung (im Sommer müssen viele reißenden Bäche durchwatet werden) und Orientierungsvermögen auch eine gute Ausrüstung voraus. Hütten sucht man hier vergebens und der Proviant muss für die gesamte Strecke mitgeführt werden.

6. Kerry Way

Ausgangspunkt: Killarney
Endpunkt: Killarney
Lage: Irland
Länge: ca. 200 km
Beste Trekkingzeit: Mai-September
Info: 💻 www.ireland.com

Der Kerry Way ist der beliebteste Langstreckenwanderweg Irlands. Er verläuft im Südwesten der Grünen Insel in der Grafschaft Kerry in neun Etappen durch die abgeschiedensten Abschnitte der Iveragh-Halbinsel.

7. West Highland Way

Ausgangspunkt: Milngavie bei Glasgow
Endpunkt: Fort William
Lage: Schottland
Länge: ca. 155 km
Beste Trekkingzeit: Mai-September
Info: 💻 www.west-highland-way.co.uk (auf Englisch)

Seit 1980 führt der West Highland Way von den Außenbezirken Glasgows über Fort Williams durch das raue und zerklüftete Gelände des südlichen und zentralen schottischen Hochlands.

8. Welterbesteig Wachau

Ausgangspunkt: Krems
Endpunkt: Krems
Lage: Österreich
Länge: ca. 180 km
Beste Trekkingzeit: Mai-September
Info: 💻 www.welterbesteig.at

Die im Jahre 2010 eröffnete Strecke zählt zu den abwechslungsreichsten Weitwanderrouten in Österreich und führt in 14 Tagesetappen als Höhenrundweg zu beiden Ufern der Donau durch eine Kulturlandschaft, die von der UNESCO zum Weltkulturerbe erklärt wurde.

9. Hohe Tatra

Ausgangspunkt: Tatranská Lomnica
Endpunkt: Zakopane
Lage: Slowakei/Polen
Länge: ca. 80 km
Beste Trekkingzeit: Juli-September

50 km lang und 15 km breit – gemessenen an der Ausdehnung ist die Hohe Tatra ein Winzling unter den europäischen Gebirgen. Dennoch ist die Durchquerung des Gebirgszugs von Südosten nach Nordwesten kein einfaches Unterfangen und verlangt mit alpinem Terrain und exponierten Pässen sowohl Trittsicherheit als auch Kondition vom Wanderer.

10. Pyrenäen: GR 10

Ausgangspunkt: Hendaye an der französischen Atlantikküste
Endpunkt: Banyuls-sur-Mer an der französischen Mittelmeerküste
Lage: Frankreich
Länge: ca. 850 km
Beste Trekkingzeit: Juli-September
Info: 💻 www.ffrandonnee.fr (Website des Französischen Wanderverbands, nur auf Französisch)

Der Grande Randonnée 10 ist eine von drei Routen, die die Pyrenäen von der Atlantik- zur Mittelmeerküste durchquert. Alternative Routen sind der spanische GR 11 sowie der Höhenweg Haute Randonnée Pyrénéenne (HRP). Der GR 10 verläuft in weiten Teilen auf mittleren Höhen und obwohl er keine großen Schwierigkeiten bereithält, erfordert er gute Kondition, denn nicht selten summieren sich Auf- und Abstiege an einem einzigen Wandertag auf mehr als 1.000 Höhenmeter.

11. Tour du Mont Blanc

Ausgangspunkt: Les Houches
Endpunkt: Les Houches
Lage: Frankreich/Schweiz/Italien
Länge: ca. 175 km
Beste Trekkingzeit: Juni-September
Bereits seit 1951 führt der markierte Montblanc-Rundweg (TMB) durch eine einmalige Hochgebirgskulisse und umrundet den höchsten Gipfel (4.808 m) der Alpen und Europas. An den Schlüsselstellen kann man, je nach Erfahrung und Wetterlage, zwischen einer leichteren und eine schwierigeren Weg-Variante wählen. Gute Kondition und Trittsicherheit sind aber auch auf der klassischen Route erforderlich.

12. Ligurischer Höhenweg

Ausgangspunkt: Ventimiglia
Endpunkt: La Spezia
Lage: Italien
Länge: ca. 440 km
Beste Trekkingzeit: Mai-Oktober
Dieser markierte Fernwanderweg durchmisst Ligurien der Länge nach. Im Verlauf wird die grandiose Hochgebirgskulisse von den runden Kuppen des Apennin abgelöst. Über die gesamte Distanz eröffnet der Höhenweg faszinierende Fernblicke auf die nahe gelegene Küstenlinie und das Ligurische Meer.

13. Trans Korsika (GR 20)

Ausgangspunkt: Calenzana
Endpunkt: Conca
Lage: Korsika
Länge: ca. 200 km
Beste Trekkingzeit: April/Mai und September/Oktober
Info: 💻 www.pnr.corsica (französischsprachige Website des Naturparks)

Der Grande Randonnée 20 führt über 200 km durch die schroffe Bergwelt des Korsischen Naturparks. Für den kompletten Trail werden etwa 2 Wochen benötigt, am Ende der einzelnen Tagesetappen kann in Berghütten übernachtet werden (seit 2009 mit Reservierungspflicht).

14. Lykischer Weg

Ausgangspunkt: Fethiye
Endpunkt: Antalya
Lage: Taurus/Türkische Mittelmeerküste
Länge: ca. 510 km
Beste Trekkingzeit: März-Mai und Oktober/November
Der Lykische Weg ist der erste, auf private Initiative markierte Weitwanderweg der Türkei und wechselt ständig zwischen dem türkisfarbenen Meer und den meist schneebedeckten Gipfeln des Taurusgebirges. Er ist ideal, um Land & Leute abseits der üblichen Touristenpfade zu entdecken und kennenzulernen.

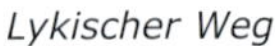
Lykischer Weg

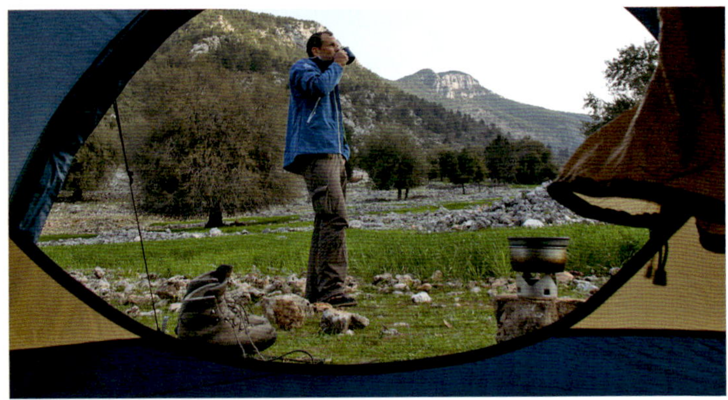

Trekking weltweit

So schön und vielfältig die Trekkingziele in Deutschland und Europa auch sind – früher oder später meldet sich das Fernweh und lockt einen in die weite Welt hinaus – schließlich sucht man Dschungel oder 8.000er in hiesigen Gefilden vergebens.

Neben dem Schwierigkeitsgrad und den Besonderheiten des eigentlichen Trails müssen Sie bei Trekking-Fernreisen leider oftmals auch die aktuelle politische Lage berücksichtigen.

Reisen in instabile Regionen wie derzeit z. B. Nordafrika gelingen am einfachsten und sichersten natürlich durch die Buchung bei einem professionellen Reiseveranstalter, der ständig mit Agenturen und Bergführern vor Ort in Kontakt steht. Aktuelle Informationen und Sicherheitshinweise für einzelne Länder finden Sie auch auf der Website des Auswärtigen Amtes (💻 www.auswaertigesamt.de).

1. Mount Kenya Nationalpark

Ausgangspunkt: Mount Kenya Lodge
Endpunkt: Wetterstation Naro Moru
Lage: Kenia
Länge: ca. 100 km
Beste Trekkingzeit: Januar/Februar und August/September
Als erloschener Vulkan dominiert der Mount Kenya das kenianische Hochland. Eine schöne 6-Tages-Tour, die auch ohne Guide möglich ist, ist der Aufstieg von Chogoria zum höchsten Punkt Point Lenana (4.985 m) mit anschließender Gipfelumrundung und dem Abstieg nach Naro Moru.

Eine Akklimatisierung ist unbedingt erforderlich.

2. Wild Coast Trail

Ausgangspunkt: Umtamvuna
Endpunkt: Kei River
Lage: Südafrika
Länge: ca. 280 km
Beste Trekkingzeit: März/April
Info: 💻 www.southafrica.com
Die Wild Coast in der Provinz Eastern Cape in Südafrika zählt zu den schönsten Küstenabschnitten des afrikanischen Kontinents. Der Wanderweg führt in etwa 25 Tagen entlang der Küste. Es sind auch kürzere Abschnitte möglich, dazu ist der gesamte Trail in 5 Sektionen unterteilt, für die man jeweils zwischen 3 und 6 Tagen braucht. Der Trail darf nur von Nord nach Süd begangen werden und es ist eine Genehmigung von der Naturschutzbehörde erforderlich.

3. Durchquerung La Réunion (GR-R2)

Ausgangspunkt: Saint Denis
Endpunkt: Saint Philippe
Lage: Indischer Ozean
Länge: ca. 120 km
Beste Trekkingzeit: Mai-Oktober

Info: www.ffrandonnee.fr (Website des Französischen Wanderverbands, nur auf Französisch), www.reunion.fr (Website des Fremdenverkehrsamtes)

La Réunion, ein winziger Punkt im Indischen Ozean, bietet (sub-)tropische Vegetation und als Übersee-Departement auch perfekt markierte Wanderwege, wie man es aus Frankreich gewohnt ist. Der GR R2 durchquert in knapp zwei Wochen die gesamte Insel auf Waldpfaden von Nordost nach Südwest.

4. Annapurna-Runde

Ausgangspunkt: Besisahar
Endpunkt: Birethani
Lage: Nepal
Länge: ca. 260 km
Beste Trekkingzeit: Oktober-Dezember

Die etwa 20-tägige Annapurna-Runde ist ein Trekking-Klassiker und gilt als ideale Tour für Himalaya-Einsteiger. Für die Tour muss ein Permit (ACAP Annapurna Conservation Area Permit) eingeholt werden, das nur in Kathmandu und Pokhara erhältlich ist.

5. Larapinta Trail

Ausgangspunkt: Alice Springs
Endpunkt: Mount Sonder
Lage: Australien
Länge: ca. 220 km
Beste Trekkingzeit: April-Oktober
Info: www.larapintatrail.com.au

Der Larapinta Trail führt in zwölf Etappen durch das australische Outback und windet sich durch eine der ältesten Bergketten der Welt. Die MacDonnell Range begeistert mit wilden Schluchten, einsamen Canyons und mehr als 600 seltenen Pflanzenarten.

6. Weitwandertrail Te Araroa

Ausgangspunkt: Cape Reinga
Endpunkt: Bluff
Lage: Neuseeland
Länge: ca. 3.000 km
Beste Trekkingzeit: September-Mai
Info: 💻 www.teararoa.org.nz

Der am 3. Dezember 2011 eröffnete Weitwandertrail Te Araroa zählt zu den längsten Wanderrouten der Welt. Etwa vier Monate braucht man für die gesamte Strecke vom nördlichsten Punkt der Nordinsel bis zum äußersten Zipfel der Südinsel – genug Zeit also für die landschaftliche Vielfalt Neuseelands von Regenwald über Sandstrand und Weinberge bis zur alpinen Bergwelt.

7. Overland-Track

Ausgangspunkt: Cradle Mountain
Endpunkt: Lake St. Clair
Lage: Tasmanien
Länge: ca. 65 km
Beste Trekkingzeit: November-April
Info: 💻 www.parks.tas.gov.au

Der Overland Track durchquert als Hochgebirgspfad den Cradle-Mountain-Lake-St.-Clair-Nationalpark in fast seiner gesamten Länge und zählt zu den bekanntesten australischen Fernwanderwegen. Aufgrund seiner Beliebtheit wurde 2007 ein Buchungssystem eingeführt und in der Hauptsaison darf nur von Norden nach Süden gewandert werden.

8. West Coast Trail

Ausgangspunkt: Port Renfrew/Gordon River
Endpunkt: Pachena Bay/Bamfield
Lage: Vancouver Island/Kanada
Länge: ca. 75 km
Beste Trekkingzeit: Mai-September
Info: 💻 www.pc.gc.ca

Trotz der moderaten Gesamtstrecke von etwa 75 km zählt der West Coast Trail zu den anspruchsvollsten Treks in Nordamerika. Geschuldet ist das ergiebigen

Regenfällen, schwindelerregenden Leitern, die die Steilküste nahezu senkrecht hoch- und runterführen und einem stellenweise undurchdringlichen Urwald. Entschädigt für die Mühen wird man mit spektakulärer Küstenlandschaft, traumhaften Stränden und artenreichem Regenwald.

9. Inka-Trail

Ausgangspunkt: Rio Urubamba, westlich von Cuzco
Endpunkt: Machu Picchu
Lage: Peru
Länge: ca. 35 km
Beste Trekkingzeit: Mai-September
Der Inka-Trail zählt zu den spektakulärsten Trekkingrouten in Südamerika und trotz der geringen Gesamtstrecke sollte man mindestens vier Tage einplanen. Bis das sagenumwobene Machu Picchu erreicht ist, sind unzählige Steinstufen und drei Pässe zu überwinden. Der höchste davon erreicht 4.200 m. Der Trail darf nur im Rahmen einer geführten Wanderung begangen werden und ist oft Monate im Voraus ausgebucht.

10. Torres del Paine

Ausgangspunkt: Hosteria Las Torres
Endpunkt: Hosteria Las Torres
Lage: Chile
Länge: ca. 130 km
Beste Trekkingzeit: Oktober-April
Info: 💻 www.chile.travel
Ganz im Süden Südamerikas, kurz bevor die Anden im Pazifik abtauchen, thront hoch über der Weite der patagonischen Steppe das Torres-del-Paine-Bergmassiv mit Gipfeln von über 3.000 m Höhe. Die einzigartigen Granit-Nadeln sind seit 1959 als Nationalpark geschützt und können auf einem markiertem Wanderweg umrundet werden. Da die Hütten oft aus allen Nähten platzen, unbedingt eigenes Zelt mitnehmen.

Reiseplanung

Ganz am Anfang steht selbstverständlich die Auswahl einer Trekkingroute. Nach meiner Erfahrung erfolgt dieser Teil der „Reiseplanung“ meist eher nebenbei.

Freunde und Bekannte erzählen von der letzten tollen Tour, man entdeckt beim Einkaufsbummel das Plakat für einen Diavortrag, sieht im Fernsehen bzw. hört im Radio einen interessanten Bericht oder denkt beim Anblick eines grandiosen Fotos in einer Outdoor-Zeitschrift spontan: „Da will ich hin". Falls Sie noch nicht wissen, wo es hingehen soll, hilft vielleicht auch der Blick ins vorangegangene Kapitel ☞ Trekkingziele.

Wie exakt Sie im Vorfeld dann die eigentliche Tour planen, hängt selbstverständlich in großen Teilen von Ihrer persönlichen Einstellung ab. Ganz sicher ist es nicht jedermanns Sache, die gesamte Strecke Tag für Tag durchzuplanen und bereits zu Hause jede Etappe und jeden Schlafplatz strikt festzulegen.

Gerade für die ersten Touren zahlt sich eine möglichst umfassende Planung schnell aus. Je besser und detailversessener die Vorbereitung, desto weniger unerwartete Probleme tauchen unterwegs auf und desto unbeschwerter können Sie die Natur erleben.

Informationsbeschaffung

Informationen gibt es viele und eine der anspruchsvollsten Aufgaben besteht darin, das Wichtige vom Unwichtigen zu trennen. Während Sie sich auf dem Kungsleden in Schweden bei der Planung nicht weiter um die Versorgung mit Trinkwasser kümmern müssen, wird die Streckeneinteilung bei einer Wanderung auf dem Lykischen Weg nicht zuletzt vom Vorhandensein der (wenigen) Quellen und Zisternen bestimmt.

Haben Sie Ihren Traumtrek gefunden, so geht es daran, alle zur Durchführung der Tour relevanten Informationen zu sammeln. Orientieren Sie sich dabei am folgenden Fragenkatalog:

- ▷ Welche Anforderungen stellt die Tour und entspricht der Schwierigkeitsgrad der persönlichen Erfahrung?
- ▷ Welches Klima erwartet mich am Reiseziel und welche wettertechnischen Besonderheiten sind zu erwarten?
- ▷ Welches ist die günstigste Reisezeit?
- ▷ Wie sieht es unterwegs mit Trinkwasser- und Proviantversorgung aus?
- ▷ In welcher Höhe befindet sich die Wanderregion und ist eine Höhenanpassung notwendig?
- ▷ Gibt es giftige oder gefährliche Tiere?
- ▷ Schränken Umweltschutzbestimmungen die Wanderung ein?

- ▷ Ist eine Erlaubnis (Permit) zum Begehen eines Trails oder eines Naturschutzgebietes erforderlich und wenn ja, wie lange im Voraus muss sie eingeholt werden?
- ▷ Welche Übernachtungsmöglichkeiten gibt es?
- ▷ Wie sind Wanderweg und Wegmarkierungen beschaffen?
- ▷ Welche topografischen Karten werden benötigt?

Ein guter Ausgangspunkt für die Informationsbeschaffung ist die Internetrecherche mit einer Anfrage bei Google oder einer anderen Suchmaschine. Viele Weitwanderwege in Deutschland und einige der beliebteren Trails weltweit sind mit einer eigenen Website vertreten, die mehr oder weniger übersichtlich alles Wissenswerte z. B. zu Tourenverlauf, Wanderzeiten, Übernachtungsmöglichkeiten und aktuellen Änderungen zusammentragen. Eine weitere gute Anlaufstelle sind spezielle Internetforen, bei der sich Wanderer über ihre Erfahrungen untereinander austauschen.

Lebhafte Outdoor-Foren mit vielen Nutzern, sodass gute Aussichten bestehen, selbst auf sehr spezielle Fragen eine Antwort zu bekommen, sind unter anderem 💻 www.outdoor-seiten.net, 💻 www.wanderforum.de oder 💻 www.netzwerk-weitwandern.de/wanderforum. Auch das jeweilige Fremdenverkehrsamt oder die Touristeninformation halten oft umfangreiches Informationsmaterial bereit.

Wanderführer und Landkarten

Falls Sie in einer größeren Stadt leben, finden Sie gute Informationen abseits des Computerbildschirms auch in der örtlichen Stadtbücherei. Oftmals lassen sich dort allerdings nur allgemeine Reiseführer ausleihen, die für die Vorbereitung einer Trekkingtour nur begrenzt von Nutzen sind. Erfolgversprechender ist daher der Gang in eine Buchhandlung mit gut sortierter Reisebuchabteilung oder noch besser in eine spezialisierte geografische Buchhandlung, um dort die aktuelle Reiseliteratur samt spezieller Wanderführer und die zur Verfügung stehenden topografischen Karten zu sichten.

☺ Geobuchhandlung Kiel, Schülperbaum 9, 24103 Kiel, ☎ 04 31/910 02, ✉ info@geobuchhandlung.de, 💻 www.geobuchhandlung.de

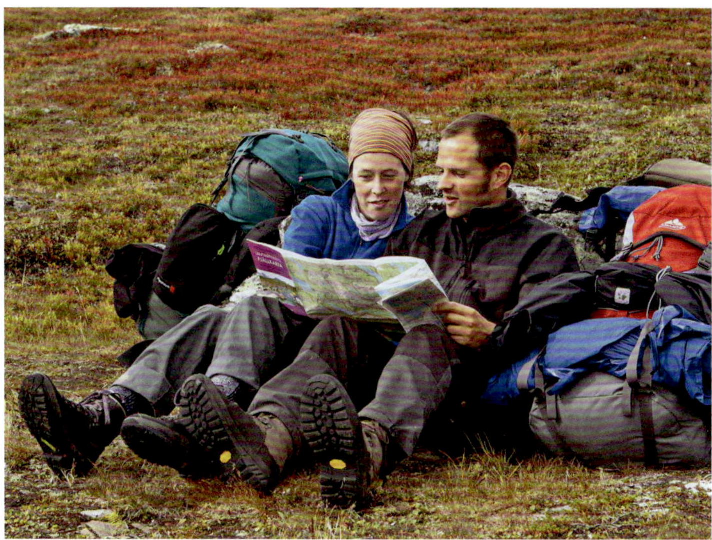

Eine gute topografische Landkarte hat auch im Smartphone-Zeitalter noch ihre Berechtigung

Vor allem für bekanntere Trekkingrouten gibt es spezielle Wanderführer, die Ihnen sowohl vor der Tour die Planung erleichtern, als auch unterwegs hilfreich zur Seite stehen. Am besten geeignet sind spezielle Weitwanderführer wie zum Beispiel die Bücher aus der Reihe „Der Weg ist das Ziel" im Conrad Stein Verlag.

Einen guten Trekkingführer erkennen Sie daran, dass er alle für eine Langstreckenwanderung erforderlichen Informationen (u. a. zu Anfahrt, Übernachtung, Schwierigkeiten, bester Wanderzeit) liefert.

Besonders wichtig sind gute Kartenskizzen. Ein Musterbeispiel sind die, allerdings leider nur französischsprachigen, Topo-Guides des französischen Wanderverbandes (💻 www.ffrandonnee.fr), die neben der Streckenbeschreibung zusätzlich die entsprechenden Kartenausschnitte im Maßstab 1:25.000 beinhalten, sodass man sich den Kauf der entsprechenden Blätter der topografischen Karte sparen kann.

Weniger hilfreich für eine Trekkingtour sind Gebietswanderführer, die meistens davon ausgehen, dass man an einem bestimmten Ort untergebracht ist und dann rund um den Ausgangspunkt mehrere, mehr oder weniger weit vom Ausgangsort entfernte Tageswanderungen unternimmt oder Länder-Trekkingführer wie sie z. B. für Patagonien oder Nepal angeboten werden. Wollen Sie nur einen bestimmten Trail laufen, sind Sie aufgrund der besseren „Rucksacktauglichkeit" in jedem Fall mit einem Detailführer besser bedient.

Das A und O für die Vorbereitung einer Wanderung und die Orientierung vor Ort ist gutes, verlässliches Kartenmaterial. Mit ein bisschen Übung liefert eine detaillierte topografische Karte eine gute Vorstellung, welches Gelände einen unterwegs erwartet. Neben den markierten Wanderwegen und Pfaden sollten auch Höhenlinien eingezeichnet sein. Liegen die Höhenlinien weit auseinander, so signalisiert das ein flaches Relief. Rücken sie eng zusammen, so wird es steil.

Landkarten sind vor Ort zwar oft günstiger, je nach Reiseziel kann der Kauf am Reiseziel aber eine aufwändige Suche erforderlich machen (und die Karten stehen vorab nicht zur Planung zur Verfügung).

Für eine erste Übersicht und um ein Gefühl für den Streckenverlauf zu bekommen reicht eine Karte, die ein großes Gebiet abdeckt, z. B. im Maßstab 1:250.000. Für die detaillierte Planung und die Orientierung vor Ort sind Karten mit größerem Maßstab erforderlich. Der Maßstab zeigt an, wie stark die Karte die Natur verkleinert. Ein Maßstab von 1:50.000 bedeutet: 1 cm auf der Karte entspricht in der Realität 50.000 cm, also 500 m.

Am genausten sind Karten im Maßstab 1:25.000. Für die meisten Touren ist diese Genauigkeit aber gar nicht erforderlich und der große Maßstab bringt gerade bei langen Touren ein entscheidendes Problem mit sich: Sie brauchen viele, viele Kartenblätter und das wird nicht nur schnell unhandlich, sondern auch teuer.

Ein guter Kompromiss sind topografische Karten im Maßstab 1:50.000 (für das gleiche Gebiet wären immerhin vier Karten 1:25.000 erforderlich). In einigen Wandergebieten müssen Sie mit Karten im Maßstab 1:100.000 Vorlieb nehmen. So ist z. B. die schwedische Fjällkartan nur im Maßstab 1:100.000 erhältlich. Außerhalb Europas gibt es gutes, trekkingtaugliches Kartenmaterial vor allem für Nepal, die Nationalparks in den USA sowie die beliebten Trails in Patagonien.

Schlecht sieht es dagegen mit Kartenmaterial für viele Länder Asiens und Afrikas aus, wo das Geld für kostspielige Landvermessungen fehlt. Andere Länder wie z. B. die Türkei oder Griechenland geben aus politisch-militärischen Gründen ihre Karten nicht für den Handel frei.

☺ Schützen Sie die Karte unterwegs mit einer wasserdichten Kartentasche. Eine günstige Alternative sind durchsichtige ZipLoc-Gefrierbeutel.

Neben topografischen Karten in Papierform werden zunehmend elektronische Karten für Computer, GPS oder Smartphone angeboten. Ob man seine Tour lieber analog oder digital plant ist sicherlich Geschmackssache. Dem einen geht am Bildschirm im Vergleich zu einer großformatigen Papierkarte der Überblick verloren. Ich persönlich scrolle lieber den Kartenausschnitt, als ein riesiges Blatt Papier zu bändigen, und finde es praktisch, eine Distanz zwischen zwei Punkten per Mausklick zu ermitteln, statt sie in der Karte mit einem Messrädchen abzufahren. Reine Online-Karten wie Google Maps (die sich als Straßenkarte ohnehin nicht für eine Trekkingtour eignet) oder Raster-Karten für die Darstellung am PC taugen nur zur Tourvorbereitung. Für die Orientierung unterwegs benötigen Sie Vektorkarten, die sich auf Ihren GPS-Empfänger laden lassen (☞ Wissen, wo's langgeht: Hilfen für die Orientierung).

So erhalten Sie für unterwegs eine handliche Karte, die sogar regenfest ist. Der Nachteil gegenüber der Papierkarte: Auf dem kleinen Display leidet die Übersicht und das Gerät braucht Strom. In Verbindung mit weiteren elektronische Geräten wie Digitalkamera und Handy heißt das: Sie benötigen Ersatzbatterien, ein zusätzliches Ladegerät oder zumindest ein Extra-Kabel und bei Touren in der Wildnis müssen Sie unter Umständen sogar ein Solarladegerät mitschleppen.

Der Trekking-Kalender, oder: Wann wandert es sich wo am besten?

Die folgende Tabelle zeigt auf die Schnelle, wann es sich wo auf der Welt besonders gut wandern lässt. Die Monate mit den besten Klimabedingungen fürs Trekking sind grün gekennzeichnet. Selbstverständlich handelt es sich dabei nur um eine stark vereinfachte Übersicht. Haben Sie sich für eine bestimmte Tour entschieden, so sollten Sie zur Beantwortung der Frage nach der optimalen Reisezeit auf jeden Fall das Internet oder einen Reiseführer konsultieren.

	Januar	Februar	März	Apri
Indischer Subkontinent				
Nepal				
Ladakh				
Kaschmir				
Nordpakistan (Bergland)				
Südostasien				
Thailand				
Vietnam				
Burma				
Malaysia				
Tibet				
Japan (Zentral- und Südjapan)				
Japan (Hokkaido)				
Australien/Neuseeland				
Australien (Outback)				
Australien (südl. Ostküste/Süden)				
Australien (Nordküste/tropische Ostküste)				
Australien (Westküste)				
Neuseeland				
Nordamerika				
USA				
Alaska/Westkanada				
Kanada				
Lateinamerika				
Mexiko/Guatemala				
Peru, Bolivien, Ecuador (Hochland/Altiplano)				
Peru, Ecuador (Urwaldregion)				
Bolivien (Urwaldregion)				
Galapagosinseln				
Argentinien/Chile				
Patagonien/Feuerland				

Mai	Juni	Juli	August	September	Oktober	November	Dezember

	Januar	Februar	März	Ap
Afrika				
Azoren				
Kanaren				
Marokko				
Namibia				
Südafrika				
Tansania				

Trainieren für die Trekkingtour?

Natürlich erfordert eine Wanderung mit vollbeladenem Rucksack auf dem Rücken sowohl Ausdauer als auch Kraft und mangelnde körperliche Fitness lässt sich auch durch die funktionellste und teuerste Ausrüstung nicht wettmachen.

Obwohl ich keine Aufzeichnungen mehr darüber finden kann, erinnere ich mich noch sehr lebhaft an meine erste Trekkingtour vor etwa 20 Jahren: Sie hat nicht einmal 48 Stunden gedauert.

Ein Freund, mit dem ich ein paar kürzere Touren im Schwarzwald und den Vogesen unternommen hatte, weckte bei mir das Interesse für den HRP, den Haute Randonnée Pyrénéenne, und diese etwa 800 km lange Hochroute über die Pyrenäen vom Mittelmeer zum Atlantik erschien mir in meinem jugendlichen Überschwang genau als die richtige Herausforderung.

Gut gelaunt und bester Dinge schulterte ich in Banyuls-sur-Mer den perfekt gepackten Rucksack. Ich fühlte mich prächtig, kletterte vom Meeresniveau durch die flirrende Hitze über 1.000 Höhenmeter bergan und sank nach über 10 Stunden wie ein Stein auf die Pritsche des Refuge de la Tagnarède. Am nächsten Morgen schmerzte jeder Muskel und ich war so kaputt, dass ich nicht mehr weiter wollte. Ohne großes Zögern stand meine Entscheidung fest. Ich brach die Tour ab, suchte den nächsten Ausstieg vom Trail und steuerte die erstbeste Bushaltestelle an, um mich in einen Strandurlaub zu flüchten.

Trotz dieser Erfahrung bin ich bis heute noch für keine Trekkingtour ins Fitnessstudio gegangen, denn man muss weder Hochleistungssportler sein, noch ein hammerhartes Training wie einst Rocky Balboa in Vorbereitung seines Kampfes gegen Ivan Drago absolvieren und Baumstämme durch die sibirische Tundra schleppen. Es reicht eine ganz normale Grundkondition, die man sich durch regelmäßiges Joggen, Schwimmen oder Radfahren aneignet.

Mai	Juni	Juli	August	September	Oktober	November	Dezember

Wichtiger als ein ausgeklügelter Trainingsplan ist, so zumindest meine Lehre aus dem anfänglichen Trekking-Desaster, die Tour ruhig anzugehen. Halten Sie die Etappen zum Tourenbeginn bewusst eher kurz. Nach ein paar Tagen der Eingewöhnung können Sie die Streckenlänge ohne Probleme steigern – die Fitness kommt dann praktisch ganz von allein.

☺ Eine gute Vorbereitung und besser als eine teure Mitgliedschaft im Fitnessstudio sind ausgedehnte Wochenendwanderungen vor der eigentlichen Trekkingtour. Dabei können Sie auch die Ausrüstung testen, die Schuhe einlaufen und stellen praktisch nebenbei fest, ob die „Chemie“ zwischen Ihnen und dem Reisepartner stimmt.

Ausrüstung

Für eine Trekkingtour abseits der Zivilisation müssen Sie einiges an Gepäck durch die Wildnis tragen. Zuallererst brauchen Sie ein passendes Behältnis, das es Ihnen möglichst leicht macht, die schwere Last zu schultern. Im Rucksack werden dann, je nach Art der Tour, Ersatzkleidung, Zelt, Kocher samt Proviant, Schlafsack, Isomatte und Kleinkram wie Stirnleuchte und Kompass verstaut. Blättert man in Outdoor-Magazinen, so vergisst man aufgrund der modischen Hochglanzfotos und Produktbestenlisten schnell, dass die Ausrüstung nicht die Hauptrolle spielt.

Bei einer meiner ersten „Outdoor“-Touren, einer Fahrradtour durch Norwegen, war ich nur mit Jeans und Wollpullover bekleidet und obwohl ich meistens nass und mir ständig kalt war, habe ich die Reise und die norwegischen Fjorde in bester Erinnerung.

Wiederholen würde ich diese Tour heute so natürlich nicht und inzwischen trage ich auf meinen Touren selbstverständlich Funktionskleidung, schließlich muss man es sich ja nicht unnötig schwer machen.

Um Ihnen Fehlinvestitionen und Enttäuschungen unterwegs zu ersparen, finden Sie in diesem Kapitel einen Ausrüstungsratgeber, der Ihnen zeigt, was Sie unterwegs alles brauchen und worauf es bei der Auswahl der einzelnen Gegenstände ankommt.

Im Rahmen dieses Buches ist es unmöglich, alle Aspekte rund um die breite und vielfältige Palette an Ausrüstungsgegenständen zu beleuchten, sodass ich mich auf die absoluten Grundlagen beschränken musste.

Bei Interesse finden Sie weitergehende Informationen u. a. in der folgenden Literatur:

- **Ausrüstung I von Kopf bis Fuß** von Johann Schinabeck und Markus Gründel, Basiswissen für draußen, Conrad Stein Verlag, ISBN 978-3-86686-417-7, € 10,90
- **Ausrüstung II für Camp, Küche und mehr** von Johann Schinabeck, Basiswissen für draußen, Conrad Stein Verlag, ISBN 978-3-86686-101-5, € 10,90
- **Trekking ultraleicht** von Stefan Dapprich und Stefan Kuhn, Basiswissen für draußen, Conrad Stein Verlag, ISBN 978-3-86686-654-6, € 9,90

☺ Außerdem befindet sich hinten im Buch eine Packliste, an der Sie sich bei Ihrer Planung orientieren können. Einfügbare Gewichts- und Mengenangaben helfen Ihnen, den Überblick zu behalten.

Bekleidung

Nieselregen, eisiger Wind und strahlender Sonnenschein, die Trekkinggarderobe muss so zusammengestellt sein, dass Sie für alle Unbilden des Wetters gewappnet sind. Am besten funktioniert das mit dem viel zitierten „Zwiebelprinzip". Gemeint sind damit mehrere, übereinander getragene Bekleidungsschichten. So bleiben Sie flexibel und können die Kleidung optimal auf das aktuelle Wetter abstimmen.

1. Schicht: Funktionsunterwäsche

Beim Laufen werden Sie zwangsläufig schwitzen und das ist auch gut so, damit der Körper gekühlt wird. Die unterste Bekleidungsschicht sollte daher den Schweiß von der Hautoberfläche abtransportieren, ohne dass sich die Feuchtigkeit in der Kleidung staut (ansonsten würde es spätestens in der ersten Pause sehr kalt).

Herkömmliche Unterwäsche erfüllt diese Aufgabe nur unzureichend, da Baumwollfasern aufquellen und die Feuchtigkeit speichern.

Funktionsunterwäsche besteht daher häufig aus Polyester- oder Polyamidmaterial, welches den Schweiß weitertransportiert, dabei selbst aber relativ trocken bleibt. Da solche Synthetikwäsche schnell zu müffeln beginnt, versuchen die Hersteller die Geruchsbelästigung mehr oder weniger erfolgreich einzudämmen, z. B. durch den Zusatz von Silberionen. Eine Alternative zu Kunstfasern stellt Merinowolle dar. Sie wärmt auch im nassen Zustand, ist angenehm zu tragen und die Geruchsentwicklung hält sich auch nach längerem Tragen absolut im akzeptablen Rahmen.

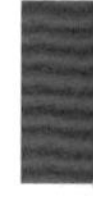

Achten Sie neben den verwendeten Materialien auch auf den Schnitt. Je enger die Unterwäsche am Körper anliegt, desto besser funktioniert der Feuchtigkeitstransport. Bei weiten Unterhemden rinnen die Schweißtropfen sonst einfach unterhalb der Kleidung ungehindert über Brust und Rücken.

2. Schicht: Isolation

Den Körper warmzuhalten ist die Hauptaufgabe der zweiten Schicht. Eine gute Trekkinghose sollte robust und bequem zu tragen sein. Als Material kommt meistens ein leichtes, wasserabweisendes und schnelltrocknendes Baumwoll-Polyester-Mischgewebe zum Einsatz.

Der klassische Wollpullover ist vom Fleeceshirt praktisch komplett verdrängt, und das aus gutem Grund: Die Polyesterfasern wärmen außerordentlich gut, sind strapazierfähig, angenehm zu tragen und, sollten sie einmal nass geworden sein, trocknen auch sehr schnell wieder.

Je nach Trekkingregion kann als weitere Isolationsschicht ein kurz- oder langärmliges Hemd, ein Pullover aus dickerem Fleece oder Merinowolle oder eine wind- und wasserabweisende Softshell-Jacke ergänzt werden.

3. Schicht: Wetterschutz

Die äußere Schicht soll Wind und Wetter fernhalten. Die für Regenhosen und -jacken verwendeten Materialien müssen absolut wind- und wasserdicht sein, sollen gleichzeitig aber den durch das Schwitzen entstandenen Wasserdampf nach außen lassen.

Entscheidend für diese „Atmungsaktivität“ ist der Unterschied zwischen der Temperatur draußen und der innerhalb der Jacke. Je geringer das Temperaturgefälle, desto schlechter funktioniert der Feuchtigkeitstransport.

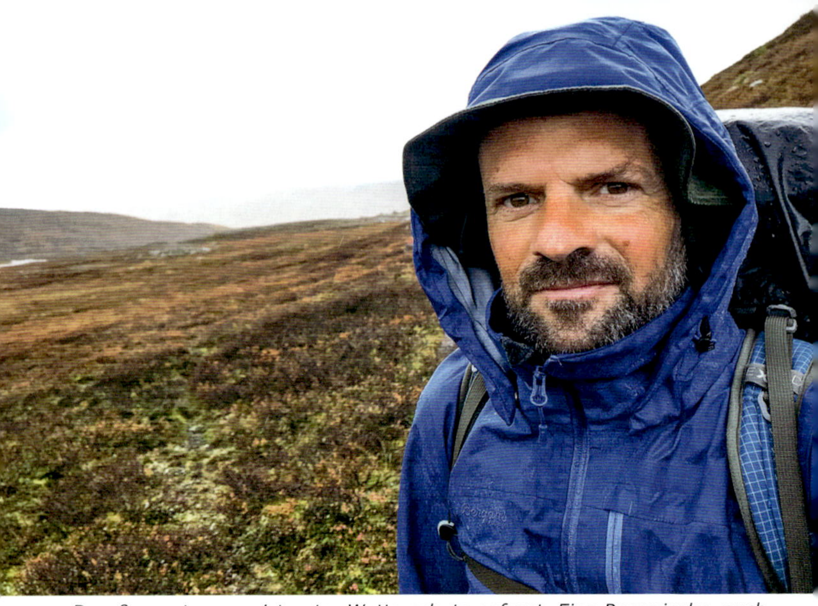

Draußen unterwegs ist guter Wetterschutz gefragt. Eine Regenjacke, auch Hardshell genannt, gehört daher unbedingt ins Gepäck

Zwischen Wasserdichtigkeit und Atmungsaktivität besteht also ein gewisser Widerspruch, der selbst durch die ausgeklügeltste Funktionsjacke nicht gänzlich auszuräumen ist. Eine vollwertige Regenjacke kommt auf meinen Touren allerdings nur in den seltensten Fällen zum Einsatz. Bei Schmuddelwetter ziehe ich meist die bereits im vorangegangenen Absatz erwähnte Softshell-Jacke vor.

Sie stellt sozusagen die Weiterentwicklung der Fleecejacke dar und ist um einiges atmungsaktiver als eine vollwertige Regenjacke, bietet aber dennoch einen guten Schutz gegen Wind und Regen und leistet exzellente Dienste bei leichtem (Niesel-)Regen.

Bei wirklich heftigem Regen führt dann aber kein Weg mehr an atmungsaktiver Regenbegkleidung vorbei.

Eine Möglichkeit, um Jacke und Hose abzudichten, besteht darin, eine Beschichtung auf den Oberstoff aufzutragen. Beispiele für solche mikroporösen Beschichtungen sind z. B. HyVent und Texapore. Auf dem Markt gibt es noch viele weitere Produkte, Hersteller und Markennamen. Im Laufe der Zeit wird aber jede Beschichtung abgelöst und die Wasserdichtigkeit herabgesetzt.

Achten Sie bei beschichteten Jacken besonders auf verstärkte Schulterbereiche, da diese Partien durch das Tragen eines Rucksacks besonders beansprucht werden.

Der zweite Lösungsansatz für atmungsaktive Regenbekleidung setzt auf eine Funktionsmembran, wie z. B. GoreTex oder eVent, die über mikroskopisch kleine Poren verfügt, die zwar das Wasser draußen halten, aber groß genug sind, um Wasserdampfmoleküle durchzulassen.

Ganz ohne Poren kommt die wasserabstoßende Dermizax-Membran aus, in die wasserliebende Moleküle eingelagert sind, die den durch das Schwitzen entstandenen Wasserdampf nach außen transportieren. Der Vorteil gegenüber herkömmlichen Membranen: Es gibt keine Poren, die verstopfen können, und Dermizax-Bekleidung kann mit ganz normalem Waschmittel gewaschen werden.

Bei einem Zwei-Lagen-Laminat ist die Funktionsmembran nur am Oberstoff befestigt (das Futter hängt dann lose in der Jacke). Widerstandsfähiger, allerdings auch steifer sind Drei-Lagen-Laminate, bei denen die Membran von einer Lage Futterstoff und dem robusten Obermaterial umschlossen und geschützt wird.

Die Angebotspalette an Outdoor-Funktionsbekleidung ist unüberschaubar groß. Die beste Orientierung bietet eine kompetente Beratung in einem guten Trekking-Laden.

Achten Sie beim Kauf vor allem auf folgende Merkmale:

- ▷ gut geschnittene, fest am Kopf sitzende Kapuzen, die das Sehfeld nicht einschränken
- ▷ leichtes, strapazierfähiges und wenig voluminöses Material
- ▷ wasserdichte Innentaschen
- ▷ sinnvolle, leicht zu handhabende Schnürzüge
- ▷ eng abschließbare Bein- bzw. Armbündchen
- ▷ von oben und unten aufziehbare, abgedeckte Reißverschlüsse
- ▷ einfach zu öffnende Unterarmreißverschlüsse für eine effektive Belüftung
- ▷ eine Regenhose sollte sich auch mit Trekkingstiefeln an den Füßen an- und ausziehen lassen

Accessoires

Komplettiert wird des Trekkers mobiler Kleiderschrank durch Mütze, Sonnenhut, ein multifunktionales Schlauchtuch (bekannteste Marke: „Buff"), das als Halstuch und Mütze verwendet werden kann, und dünne Fingerhandschuhe.

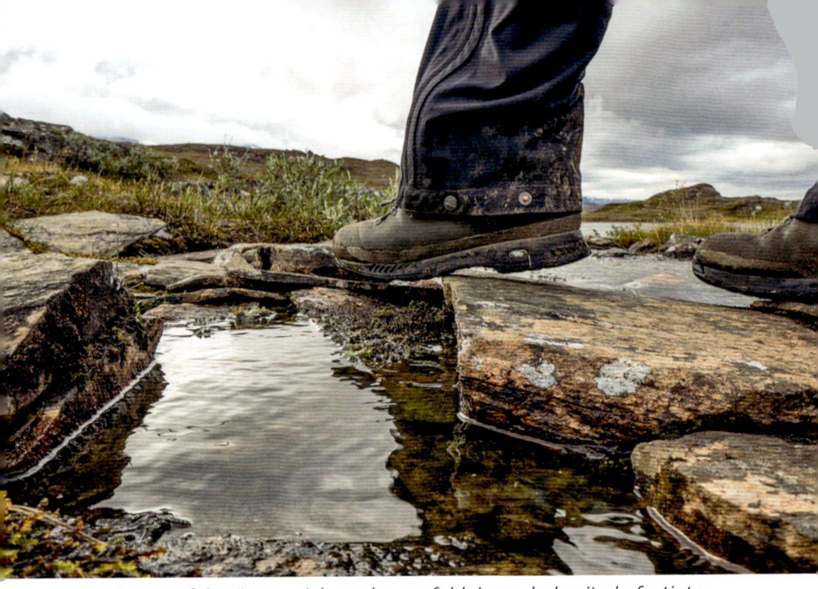

Trekkingstiefel müssen sich auch querfeldein und abseits befestigter Wege beweisen

Schuhwerk

Trekkingstiefel

Die Anforderungen an einen Trekkingstiefel sind hoch. Er darf nicht zu schwer sein, muss aber einen festen Halt garantieren, damit sich der schwere Rucksack sicher durchs Gelände manövrieren lässt. Der Schaft sollte daher möglichst steif sein und weit über die Knöchel reichen. Weiterhin sorgt eine möglichst verwindungsfeste Sohle für guten Gehkomfort.

Achten Sie darauf, dass sie im Vorfußbereich vorgebogen ist, damit das natürliche Abrollverhalten unterstützt wird. Ein wasserdichtes, atmungsaktives Futter mit einer Funktionsmembran wie GoreTex hält den Fuß auch unter widrigen Wetterbedingungen trocken.

Trekkingsocken

Eine gute Trekkingsocke polstert den Fuß gut und ist schnell wieder trocken. In Frage kommen daher nur Funktionsmaterialien oder Wolle, Baumwolle ist dagegen tabu. Achten Sie beim Kauf auf absolut perfekten Sitz. Die Socke darf keine Falten werfen.

Gamaschen

Je nach Gelände stellen Gamaschen eine gute Ergänzung zum Trekkingstiefel dar, da Sie das Eindringen von Schlamm, Steinen und Wasser in den Schuh verhindern.

Trekking-Sandalen

Ein leichtes Paar Sandalen (z. B. von Teva oder Keen) sind als Zweitschuh für die Trekkingtour sehr zu empfehlen. Wichtig sind vor allem eine rutschfeste Sohle und geringes Gewicht. So kann man abends am Zelt und auf der Hütte die schweren Trekkingstiefel ausziehen. Zusätzlich leisten Sandalen wertvolle Dienste beim Durchwaten von Bächen.

☺ Blasen oder Scheuerstellen machen eine Wanderung schnell zur Tortur. Linderung des Druckschmerzes und eine schnelle Heilung versprechen spezielle Blasenpflaster (z. B: 💻 www.hansaplast.de oder 💻 www.compeed.de).

Schlafsack

Der ideale Schlafsack für die Trekkingtour sollte kuschelig-warm sein, möglichst wenig wiegen und sich klein verpacken lassen. Für die meisten Touren ist ein 3 Jahreszeiten-Schlafsack die beste Wahl, d.h. der untere Temperaturbereich reicht bis etwa minus 5 Grad Celsius. Aufgrund der Lüftungsmöglichkeiten kann man ihn aber auch in lauen Sommernächten nutzen.

Zu den wichtigsten Ausstattungsmerkmalen eines guten Schlafsacks zählen eine eng schließende Kapuze, ein Wärmekragen sowie eine Abdeckleiste für den Reißverschluss, um den Wärmeverlust zu minimieren.

Bei der Füllung haben Sie die Wahl zwischen Kunstfaser und Daune. Beide Materialien haben ihre Vor- und Nachteile. Daune besticht durch ein ausgezeichnetes Isolationsvermögen bei geringem Gewicht und minimalem Packmaß. Ein Daunenschlafsack ist allerdings recht pflegeintensiv und einmal nass geworden, sind Daunen ein Totalausfall und sie sind nur schwer wieder zu trocknen. Pflegemuffel, die einen unkomplizierten Schlafsack suchen, der auch in nassem Zustand noch wärmt, sind mit einer Kunstfaserfüllung besser bedient. Kunstfaserschlafsäcke sind zwar billiger in der Anschaffung, altern allerdings auch schneller und sind schon nach einigen Jahren nicht mehr so leistungsfähig wie zu Beginn.

Wichtig für den wohligen Schlaf ist außerdem die richtige Größe. Ist der Schlafsack zu eng, so fühlt man sich wie in einer Sardinenbüchse, ist er dagegen zu weit, so muss der Körper unnötig viel Luft erwärmen und man friert leichter. Am besten legen Sie sich schon im Laden in den Schlafsack und achten darauf, dass Füße, Knie und Schultern nicht eingeengt werden.

Seit 2005 unterliegen die Temperaturangaben auf Schlafsäcken einer europaweiten Norm, bei der nach einheitlichem Verfahren die Isolationsfähigkeit geprüft wird. Natürlich ist das Kälteempfinden von Mensch zu Mensch unterschiedlich, die unabhängigen Labormessungen ermöglichen es aber zumindest, verschiedene Schlafsäcke miteinander zu vergleichen. Angegeben werden auf den Etiketten verschiedene Temperaturen. Orientieren Sie sich beim Kauf am besten an der Komforttemperatur. Sie gibt die Temperatur an, bei der eine „Standard-Frau" (25 Jahre, 60 kg, 1,60 m) gerade noch nicht friert.

Diese Details zeichnen einen guten Schlafsack aus, Abbildung: Salewa

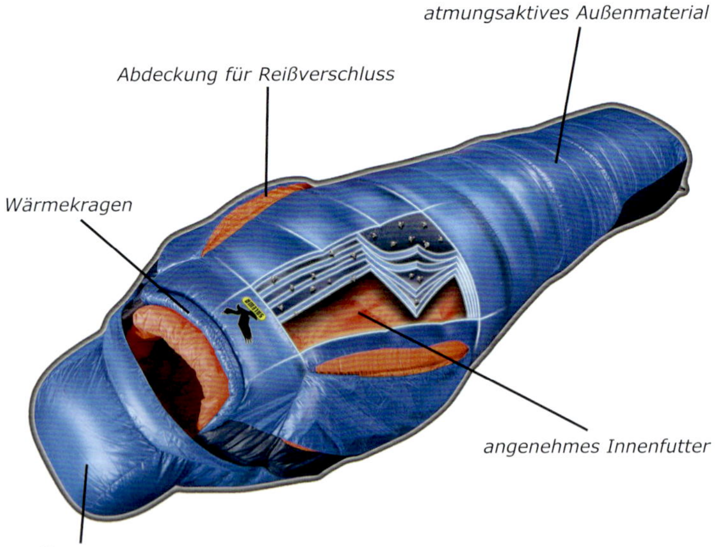

Ein paar Tipps, damit Sie besser schlafen und länger Freude an Ihrem Schlafsack haben:

- ▷ Funktionswäsche, die die Feuchtigkeit gut weiterleitet, ist auch im Schlafsack die beste Wahl.
- ▷ Befreien Sie den Schlafsack rechtzeitig vor dem Schlafengehen aus der engen Packhülle, damit er sich gut aufbauschen kann (gilt insbesondere für Daunen).
- ▷ Schütteln Sie den Schlafsack am Morgen auf und lüften Sie ihn reichlich.
- ▷ Verpacken Sie den Schlafsack erst, wenn er komplett trocken ist. Stopfen Sie ihn dann in den Packsack. Auf keinen Fall rollen oder falten – so vermeiden Sie Belastungen an den immer gleichen Stellen.

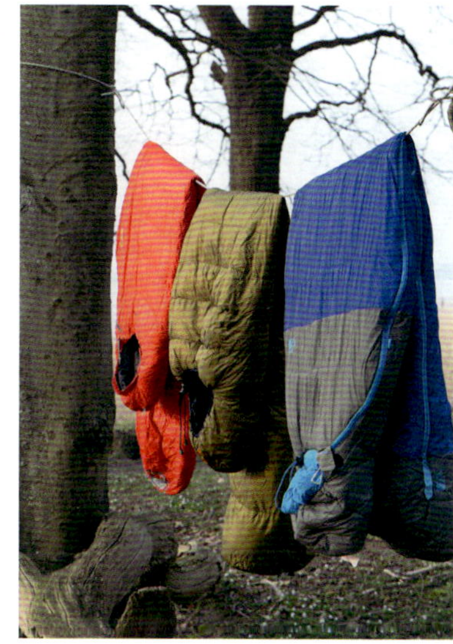

Für ein langes Schlafsackleben ist regelmäßiges Trocknen und Lüften unerlässlich

- ▷ Schützen Sie den Schlafsack mit einem wasserdichten Packsack im Rucksack.
- ▷ Lagern Sie den Schlafsack zu Hause offen und nicht im Kompressionssack.
- ▷ Auch wenn es schwer fällt: Schlafsäcke sollten so wenig wie möglich gewaschen werden. Mit einem Inlet (gibt es aus Baumwolle, Seide oder Fleece) verhindern Sie, dass das Schlafsackinnenfutter Schweiß annimmt und dreckig wird.
- ▷ Lässt sich eine Wäsche nicht mehr vermeiden, dann waschen Sie den Schlafsack bei 30 Grad im Schongang und mit speziellem Schlafsack-Waschmittel. Kunstfaserschlafsäcke sind dabei relativ problemlos und trocknen schnell. Schlafsäcke mit Daunenfüllung sind dagegen schwieriger zu handhaben und müssen beim Trocknen ständig aufgeschüttelt werden.

Isomatten

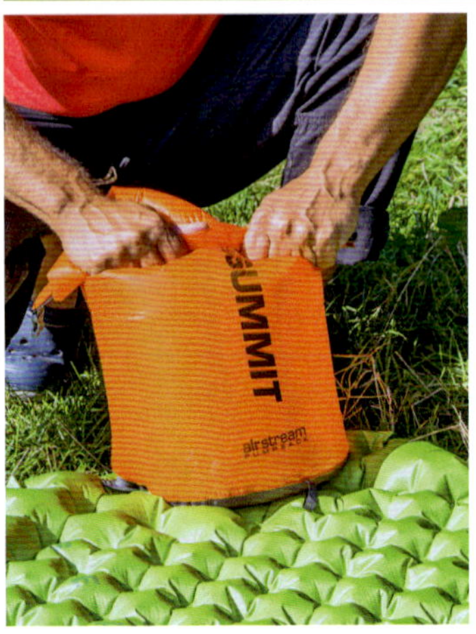

Komfortabel: Aufblasbare Isomatte

Der beste Schlafsack ist ohne eine gute Isomatte nicht viel wert. Sie übernimmt die Isolierung zwischen Schlafsack und Boden, da die Schlafsackfüllung auf der Liegefläche unter dem Körpergewicht zusammengedrückt wird und hier ihre wärmende Funktion verliert.

„Klassische" Isomatten sind leicht und robust, lassen sich aber nicht besonders klein verpacken (und müssen deshalb meist außen am Rucksack befestigt werden) und der Schlafkomfort hält sich in Grenzen. Entscheidend ist ein Schaum mit geschlossenen Zellen (z. B. Evazote), der verhindert, dass sich die Matte mit Wasser vollsaugt.

Die Alternative sind „selbstaufblasende" Matten, bei denen sich die Hohlkammern im Schaum nach dem Ausrollen bis zu einem gewissen Grad selbst mit Luft vollsaugen. Je nach Dicke bieten diese Isomatten ein Schlafgefühl wie auf der heimischen Matratze und viele Modelle lassen sich zum Verpacken in der Mitte falten und dann zu einer kleinen Rolle zusammenlegen, die problemlos im Rucksack Platz findet. Da die selbstaufblasenden Modelle verhältnismäßig anfällig sind, sollten Sie den Boden vor dem Zeltaufbau gewissenhaft nach scharfkantigen Gegenständen absuchen und für den Fall der Fälle gehört ein Flickset ins Gepäck.

Zelt

Bei Touren in der Wildnis wird das Zelt zum wichtigen Rückzugsraum. Es bietet ein Dach über dem Kopf für die Nacht und, je nach Trekkingregion, wird man durchaus auch mal ein oder zwei Tage am Stück darin verbringen (müssen), um das schlechte Wetter abzuwarten.

Wichtig ist daher vor allem ein ausreichend dimensionierter Vorraum (Apsis), in dem Rucksack und Stiefel Platz finden, der aber gut belüftet auch zum Kochen genutzt werden kann.

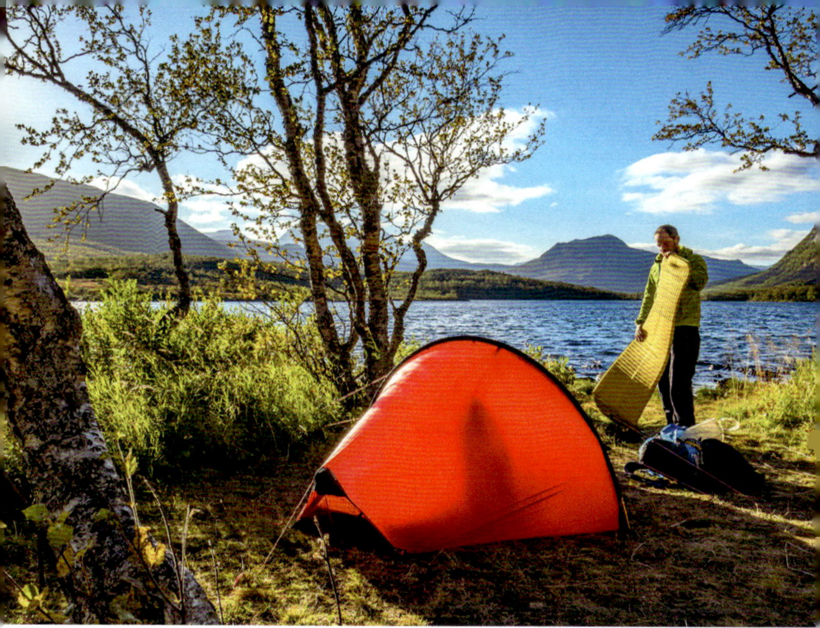

Zelt, Isomatte und Schlafsack garantieren erholsamen Schlaf an jedem Ort

Die Zeltgröße ist zuallererst natürlich von der Personenzahl abhängig. Für Trekkingtouren von Interesse sind Solo-, Zwei- und Dreipersonenzelte. Bei größeren Gruppen greift man ebenfalls besser auf Zwei- und Drei-Mann-Zelte zurück, denn dafür lässt sich einfacher ein Stellplatz finden als für ein riesiges Mannschaftszelt.

Das Zelt soll selbstverständlich ausreichend Platz bieten und sehr robust sein. Da im Rucksack aber auch jedes Gramm zählt, ist gleichzeitig geringes Gewicht gefragt. Das muss kein Widerspruch sein, kostet allerdings.

Für das Zeltgestänge sind Aluminiumlegierungen das Material der Wahl. Sie sind leichter, steifer und stabiler als das Glasfibergestänge von Billig-Zelten aus dem Baumarkt oder Discounter. Natürlich gibt es auch Aluminiumgestänge in unterschiedlichen Qualitäten und hochwertigere Gestänge sind durch ihre Oberflächenbehandlung (Eloxierung, Lackierung) bestens gegen Witterungseinflüsse und vor Korrosion geschützt.

Als Zeltmaterial kommt vor allem Polyester und Nylon zum Einsatz. Nylon ist leicht, aber dennoch robust. Allerdings nehmen die Fasern Wasser auf und dehnen sich aus – daher muss man im Regen meist noch einmal raus, um die Leinen nachzuspannen. Polyester ist ebenfalls robust, aber etwas schwerer. Die Dehnung bei Regen ist vernachlässigbar, dafür kommt bei Wind oft das Gefühl auf, als campiere man direkt unter einem Arsenal von Flaggenmasten: Polyester flattert um einiges lauter als Nylon.

☺ Eine zusätzliche Bodenplane bringt nur wenig Extra-Gewicht auf die Waage, schützt aber wirkungsvoll vor Dornen, Steinchen und allen anderen Gegenständen, die den Zeltboden perforieren könnten. Unterwegs ist es mitunter unumgänglich, das Zelt nass zu verpacken. Das ist nicht weiter dramatisch, achten Sie aber beim Einlagern nach der Tour darauf, dass Sie das Zelt noch einmal gründlich säubern und dann absolut trocken verstauen.

Zur Auswahl stehen drei Zeltformen, die jeweils ihre Vor- und Nachteile haben:

Bei **Kuppelzelten** kreuzen sich zwei oder mehr Gestängebögen in einem Punkt.

+ großer Innenraum durch steile Wände
+ geringe Aufstellfläche reicht aus
+ schneller und unkomplizierter Aufbau
+ frei stehende, selbsttragende Konstruktion
+ in wärmeren Regionen kann das Außenzelt weggelassen und nur das Innenzelt aufgebaut werden
– hohe Windanfälligkeit
– meist muss das Innenzelt zuerst aufgebaut werden, was besonders bei Regen ungünstig ist

Geodätische Zelte sind eine Weiterentwicklung der Kuppelzelte, die durch mehr als zwei Gestängebögen eine sehr stabile Form bekommen.

+ großer, komfortabler Innenraum
+ sturmstabil
+ selbsttragend
+ geringe Aufstellfläche erforderlich
– relativ langwieriger und komplizierter Aufbau
– höheres Gewicht durch zusätzliche Gestängebögen

Tunnelzelte werden durch mindestens zwei parallel laufende Gestängebögen getragen und bieten das beste Raum- zu Gewichtsverhältnis.

+ großer Innenraum
+ sehr gute und große Apsiden
+ schneller und unkomplizierter Aufbau (Außenzelt zuerst)
+ relativ geringe Stellfläche nötig
+ wenig Nähte
+ sturmstabil (wenn mit Front/Heck in Windrichtung ausgerichtet)
– es sind mindestens vier Heringe erforderlich, für eine gute Sturmstabilität. Auch mehr anfällig gegen Seitenwind

Gewichtsoptimierte Ausrüstung

Schon seit vielen Jahren hat sich eine eingeschworene Gemeinschaft von Outdoor-Enthusiasten und Weitwanderern dem sogenannten Ultraleicht-Trekking verschrieben. Der Gedanke dahinter ist so simpel, wie überzeugend: Je leichter die Ausrüstung, desto bequemer ist man unterwegs.

Natürlich addieren sich die Kilos, je länger eine Tour dauert, denn schließlich wächst damit ja auch die benötigte Menge an (gefriergetrockneter) Nahrung.

Ob man mit 20 kg oder deutlich unter 15 kg auf dem Rücken startet, macht aber definitiv einen Unterschied.

Das ist dann zwar trotzdem eine Herausforderung und noch lange kein Ultraleicht-Trekking, aber das Gewicht des Nahrungsmittelvorrats im Rucksack minimiert sich Tag für Tag wie von selbst, und weil die Belastung für den Körper insgesamt geringer ist, lässt sich die Natur um einen herum einfach intensiver und vor allem unbeschwerter genießen.

Weglassen birgt naturgemäß das größte Potenzial zur Einsparung von Gewicht und man muss sich beim Packen vor Reiseantritt selbstkritisch fragen, was wirklich mit muss. Weiteres Gewicht lässt sich durch die clevere Mehrfachnutzung einzelner Gegenstände einsparen, so dient z. B. der Topf auch als Trinkgefäß oder man lässt die Ersatzhose zu Hause und greift auf die Regenbekleidung zurück, während die Trekkinghose nach der Wäsche trocknet.

Weglassen und Multiuse funktionieren aber nur bis zu einem gewissen Grad und wenn neben den Klamotten, die man am Leib trägt, nur noch ein Satz Wechselklamotten übrig ist und das Besteckset durch einen „Spork" (Kunstwort aus *spoon* und *fork*, zu Deutsch auch „Göffel" genannt, also eine Kombination aus Gabel und Löffel) ersetzt wurde, ist früher oder später das Ende der Fahnenstange erreicht.

Selbstverständlich lässt sich Ultraleicht-Trekking auch auf die Spitze treiben – wer hat nicht schon von abgeschnittenen Zahnbürstenstielen und aus Kleidung herausgetrennten Etiketten gehört – und sicherlich macht auch Kleinvieh Mist, die eingesparten Gramm bleiben letztlich aber die viel zitierten „Peanuts".

Sehr viel effektiver ist da schon die bewusste Auswahl der fünf grundlegenden Ausrüstungsgegenstände Zelt, Isomatte, Schlafsack, Kocher und Rucksack, mit der sich eine Menge an Gewicht einsparen lässt. Wie die Tabelle eindrucksvoll beweist, beziffert sich das eingesparte Gewicht im Falle der vorgestellten Ausrüstungsteile auf immerhin knapp 4 kg und halbiert damit nahezu das Gewicht von einer „normalen" Grundausrüstung für die Trekkingtour.

Konventionelle Ausrüstung	**Beispiel für besonders leichten Ausrüstungsgegenstand**
Einmannzelt: 2.000 g	Hilleberg Enan: 1.200 g
3 cm dicke, selbstaufblasende Isomatte: 900 g	Nordisk Grip 2,5: 340 g
3-Jahreszeiten Kunstfaser-Schlafsack: 2.000 g	Mountain Equipment Helium 600: 1.090 g
Gaskocher + Topf: 500 g	Primus Lite +: 390 g
60-l-Trekkingrucksack: 2.500 g	Bergans Helium 55 l: 1.000 g
Gesamtgewicht: 7.900 g	**Gesamtgewicht: 4.020 g**

Weitere Ausrüstungsgegenstände

Neben funktionaler Bekleidung, einem warmen Schlafsack und dem richtigen Zelt ist unterwegs noch der ein oder andere Ausrüstungsgegenstand mehr vonnöten, damit die Tour gelingt.

Trekkingstöcke

Sie sehen aus wie Skistöcke, lassen sich durch die Teleskopkonstruktion aber komfortabel in der Länge anpassen und für den Transport klein zusammenschieben. Sie entlasten Hüfte und Knie beim Laufen mit dem schweren Rucksack auf dem Buckel, erleichtern das Vorankommen in unwegsamem Terrain und bieten zusätzliche Sicherheit beim Durchwaten von Furten.

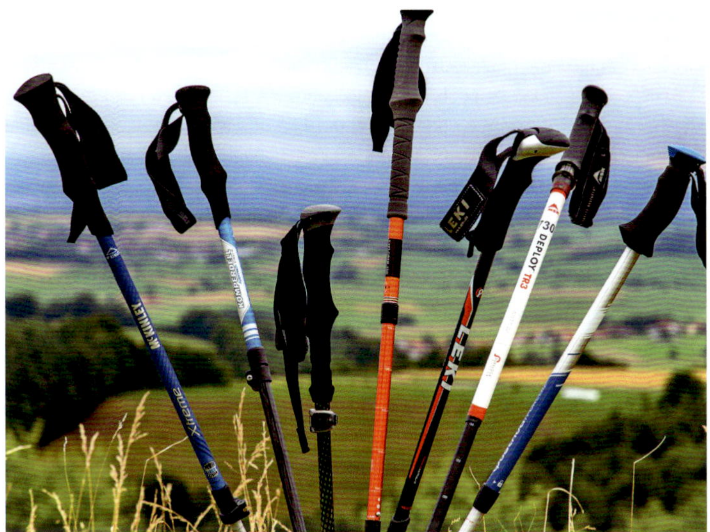

Trekkingstöcke bieten Unterstützung in anspruchsvollem Gelände

Taschenmesser/Multitool

Ein Messer ist das Universal-Werkzeug schlechthin. Ich persönlich bin kein großer Freund von am Gürtel baumelnden Fahrtenmessern mit dolchähnlicher Klinge, sondern ziehe ein multifunktionales Taschenmesser (z. B. „Wenger“ oder „Victorinox“) mit den wichtigsten Funktionen wie Dosenöffner, Säge, Pinzette und Korkenzieher vor. Multitools („Letherman“) bieten zusätzlich eine recht brauchbare Zange, unterscheiden sich sonst aber nur unwesentlich von den Funktionen eines guten Taschenmessers.

Taschenlampe

Mitunter bin ich erstaunt, wie gut man auf einer Trekkingtour, zumindest im Sommer, ohne Lampe auskommt, da man sich dem natürlichen Tagesrythmus anpasst und schlafen legt, sobald die Sonne untergeht. Nichtsdestotrotz gehört eine leistungsfähige Taschenlampe samt Ersatzbatterien ins Gepäck, sei es, weil eine Etappe länger ausgefällt als geplant und man im Dunkeln das Zelt aufbauen muss oder weil man nach Einbruch der Dunkelheit noch lesen möchte.

Besonders praktisch sind Stirnlampen, da so die Hände frei bleiben. In den letzten Jahren haben LEDs den Taschenlampenmarkt revolutioniert. Sie zeichnen sich durch eine sehr lange Lebensdauer und minimalen Stromverbrauch aus, gleichzeitig sind Stirnlampen durch sie kompakter und leichter geworden. Achten Sie bei der Auswahl auf jeden Fall auf den Einschaltknopf. Ist er zu leichtgängig, so besteht die Gefahr, dass die Lampe im Rucksack unbemerkt vor sich hin leuchtet und die Batterie ausgerechnet dann leer ist, wenn Sie die Lampe am dringendsten brauchen.

Schaufel/Klappspaten

Eine kleine, leichte Schaufel hilft ebenso dabei, Exkremente und Toilettenpapier zu vergraben wie bei der Zeltdrainage und beim Ausheben einer Feuerstelle.

Erste-Hilfe-Set

Damit man die Rucksackapotheke im Ernstfall schnell zur Hand hat, bringt man sie am besten in einem grellfarbigen Beutel unter, den man an einer prominenten und schnell zugänglichen Stelle im Rucksack platziert (z. B. im Deckelfach oder in einer Seitentasche).

Enthalten sein sollten folgende Dinge:

- Erste-Hilfe-Fibel
- Verbandspäckchen
- sterile Wundauflagen
- Desinfektionsmittel
- Hansaplast
- Dreieckstuch
- Sicherheitsnadeln
- Rettungsdecke
- Schmerztabletten
- Sportsalbe
- fiebersenkendes Mittel
- Mittel gegen Durchfall

Diese Liste ist bei Bedarf durch individuelle Medikamente zu ergänzen. Fragen Sie auch Ihren Hausarzt, was er Ihnen persönlich für die Tour empfiehlt.

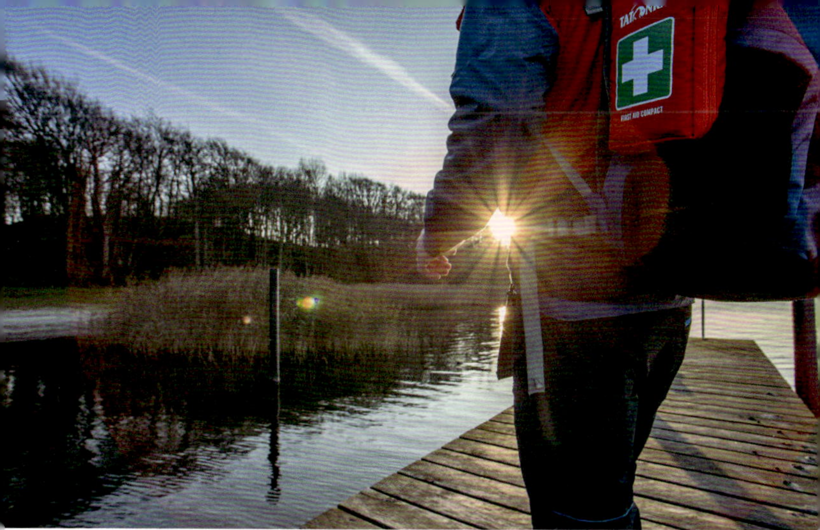

Das Erste-Hilfe-Set ist einer der wenigen Ausrüstungsgegenstände, der hoffentlich nicht zum Einsatz kommt, aber trotzdem immer dabei sein muss

Reparatur-Set

Um im Notfall wichtige Reparaturen ausführen zu können, braucht man:

- ▷ Reparaturhülsen für das Zeltgestänge
- ▷ Nadel und Faden
- ▷ Gewebeklebeband („Duck Tape")
- ▷ 1 Tube Nahtdichter
- ▷ einige Meter dünne Reepschnur (macht auch als Wäscheleine eine gute Figur)

Kleinkram

Eine kleine Signalpfeife, die man an Hose, Jacke oder Rucksack befestigt, dient im Notfall dazu, auf sich aufmerksam zu machen und Hilfe herbeizurufen. Nicht vergessen sollte man außerdem Sonnen- bzw. Gletscherbrille, einen Sonnenhut und Sonnencreme mit hohem Lichtschutzfaktor. Selbst in Dunst und Nebel ist man vor der UV-Strahlung nicht sicher. Im Hochgebirge sind auch eine Lippenschutzcreme und ein Nasenschutz nötig. In gefährdeten Gebieten hält Antimückenmittel die kleinen blutsaugenden Plagegeister etwas in Schach.

Persönlicher Bedarf

- ▷ Tagebuch und Stift, damit man das tagsüber Erlebte als bleibende Erinnerung aufschreiben kann
- ▷ spannende Lektüre für die „freie" Zeit nach der Wanderung sowie für Ruhetage oder Tage, die man im Zelt „abwettern" muss und die sonst schnell langweilig werden; ein E-Book-Reader hilft, Gewicht zu sparen
- ▷ Geld, Ausweispapiere und Reisetickets (sind am besten in einem wasserdichten Beutel aufgehoben)
- ▷ Der Umfang der Fotoausrüstung (☞ Fotografie) ist vor allem von den persönlichen Vorlieben bestimmt. Dem einen reicht die Kamera des Smartphones, der Fotoliebhaber wird dagegen lieber eine kompakte Digitalkamera mit ein oder zwei Objektiven mitnehmen.
- ▷ Netzabdeckung vorausgesetzt, ermöglicht ein Mobiltelefon den Kontakt mit den Daheimgebliebenen und Sie können im Notfall Hilfe herbeiholen. Näheres zur Verwendung eines Handys (sowie eines satellitenbasierten SOS-Notrufsenders) auf der Trekkingtour finden Sie im Kapitel ☞ Kommunikation. Wenn Sie das Telefon nur sparsam verwenden und z. B. nur kurz am Abend einschalten, bietet sich auf den meisten Touren ausreichend Gelegenheit, den Akku alle paar Tage aufzuladen. Bei längeren Wildnisexpeditionen ist ein zusätzlicher Ersatzakku oder ein Solarladegerät erforderlich.
- ▷ In den Waschbeutel gehören ökologisch abbaubare Seife, ein schnell trocknendes Microfaser-Handtuch und je nach Saison und Reiseregion ein Mückenschutzmittel und/oder Sonnencreme.

Rucksack

Erst mit einem Rucksack wird die Wildnistour möglich. Er muss die komplette Ausrüstung aufnehmen und man trägt ihn täglich für mehrere Stunden auf dem Rücken. Für eine zivilisationsferne Tour benötigen Sie einen Stauraum von mindestens 60 Litern. Ideal ist zusätzlich ein höhenverstellbares Innenfach mit einer Reserve von etwa 10 Litern, womit Sie der schrumpfenden Proviantmenge im Laufe der Tour gut Rechnung tragen können. Praktisch ist außerdem eine Aufteilung in drei Fächer: Ein separat zugängliches Bodenfach, ein großes Hauptfach sowie ein Deckelfach.

Je nach Art und Länge der Tour beträgt das Gewicht des voll beladenen Rucksacks zwischen 15 und 20 kg. Damit diese Last einigermaßen bequem zu tragen ist, sind moderne Trekkingrucksäcke mit einem innenliegenden Aluminiumgestell ausgerüstet, das einen Teil der Last von den Schultern auf den Hüftgurt überträgt.

Entscheidender als alle technischen Details für den Tragekomfort ist in jedem Fall der perfekte Sitz des Rucksacks. Er muss optimal zur Rückenlänge und -breite des Trägers passen. Wieder einmal sind Fachwissen und Auswahl eines guten Trekkinggeschäfts gefragt. Probieren Sie verschiedene Rucksäcke durch, aber bitte nicht leer, sondern realistisch beladen – nur so stellen Sie fest, ob und wo der Rucksack später drückt!

☹ Rucksäcke werden in der Regel aus widerstandsfähigem Corduranylon gefertigt, sind aber niemals zu 100 % wasserdicht. Abhilfe schaffen Rucksackregenhüllen, die allerdings bei starkem Wind unangenehm zu flattern beginnen und ebenfalls nicht vollständig vor Regen schützen, da z. B. der Gurtbereich nicht abgedeckt wird.

Alle wichtigen Gegenstände, die nicht nass werden dürfen, wie z. B. Portemonnaie oder Handy sollten daher zur Sicherheit in wasserdichten Beuteln verstaut werden.

Den Rucksack richtig einstellen

Damit ein gutes Tragesystem seine Stärken voll ausspielen kann, muss es optimal auf den Träger eingestellt sein. So verzweifeln Sie nicht beim Anblick der unzähligen Schlaufen, Riemen und Schnallen an einem modernen Trekkingrucksack:

1. Lockern Sie vor dem ersten Aufsetzen alle Gurte.
2. Schultern Sie den (gepackten!) Rucksack und schließen Sie den Hüftgurt, der mittig auf dem Beckenknochen liegen sollte.
3. Ziehen Sie nun die Schultergurte fest, allerdings nicht zu stramm, denn die Hauptlast soll ja vom Hüftgurt getragen werden. Der Ansatz des Schultergurtes sollte dabei zwischen den Schulterblättern liegen, sodass die Schulterpolster sauber die Schultern umschließen. Tun sie das nicht, so stimmt die Rückenlänge des Rucksacks nicht.

4. Als Letztes sind die Lastenkontrollriemen an der Reihe (das sind die Schnallen oben auf den Schultergurten). Sie sollten im Idealfall in einem Winkel von 30 bis 45 Grad zur Horizontalen verlaufen und Sie können damit unterwegs die Lastenverteilung zwischen Hüfte und Schultern variieren. Ziehen Sie sie für eine stärkere Lastenübertragung strammer an oder lockern Sie sie, wenn mehr Bewegungsfreiheit gefragt ist.

Richtig packen

Für normales Terrain werden die schweren Ausrüstungsteile auf Schulterhöhe möglichst nahe am Rücken verstaut, Abbildung: Deuter

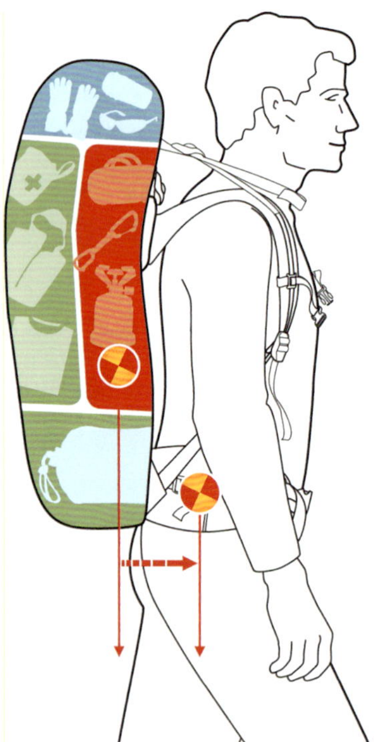

Erst mit der richtigen Packtechnik schöpfen Sie das Potenzial eines Rucksacks voll aus und erzielen selbst bei schweren Lasten einen hohen Tragekomfort. Lassen Sie sich daher Zeit, wenn Sie das erste Mal den Rucksack packen, und gewöhnen Sie sich eine gewisse Routine an. Jedes Teil sollte seinen festen Platz bekommen, damit Sie die Sachen schnell wieder finden.

Grundsätzlich gilt: Die leichten Sachen kommen nach unten und außen, die schweren Sachen werden auf Schulterhöhe und möglichst dicht am Rücken untergebracht.

Beginnen Sie beim Rucksackpacken mit dem Schlafsack, der ins untere Fach gehört. Hier können

Sie zusätzlich auch gut ihre Schlaf- und Schmutzwäsche unterbringen. In der nächsten Etage folgen in Rückennähe Zelt, Kocher, Brennstoffflasche oder Gaskartusche und Lebensmittel. Den Bereich darum herum stopfen Sie mit der Bekleidung aus, wobei das Regenzeug möglichst griffbereit nach oben wandert. Im Deckelfach schließlich sind Mütze und Handschuhe sowie Kleinteile wie Erste-Hilfe-Set, Taschenmesser und -lampe und die Müsliriegel als Pausenproviant untergebracht. Ich versuche, so wenig wie möglich außen am Rucksack anzubringen, da ich es nicht mag, wenn der Rucksack behängt ist wie ein Tannenbaum. Einzig die Trinkflasche kommt griffbereit in eine Seitentasche.

Für schwere Touren mit steilen Anstiegen sollte der Rucksack so gepackt werden, dass der Schwerpunkt tiefer und näher am Körperschwerpunkt liegt, Abbildung: Deuter

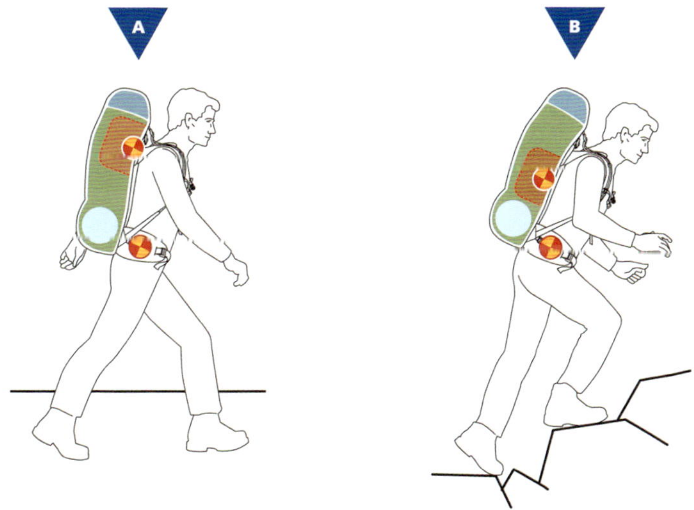

☺ Im alpinen Gelände, wo eventuell sogar Klettereien nötig sind, verlagert man das Gewicht des Rucksacks zum Körperschwerpunkt. Schwere Sachen gehören dann in den mittleren Bereich, möglichst nah an den Rücken.

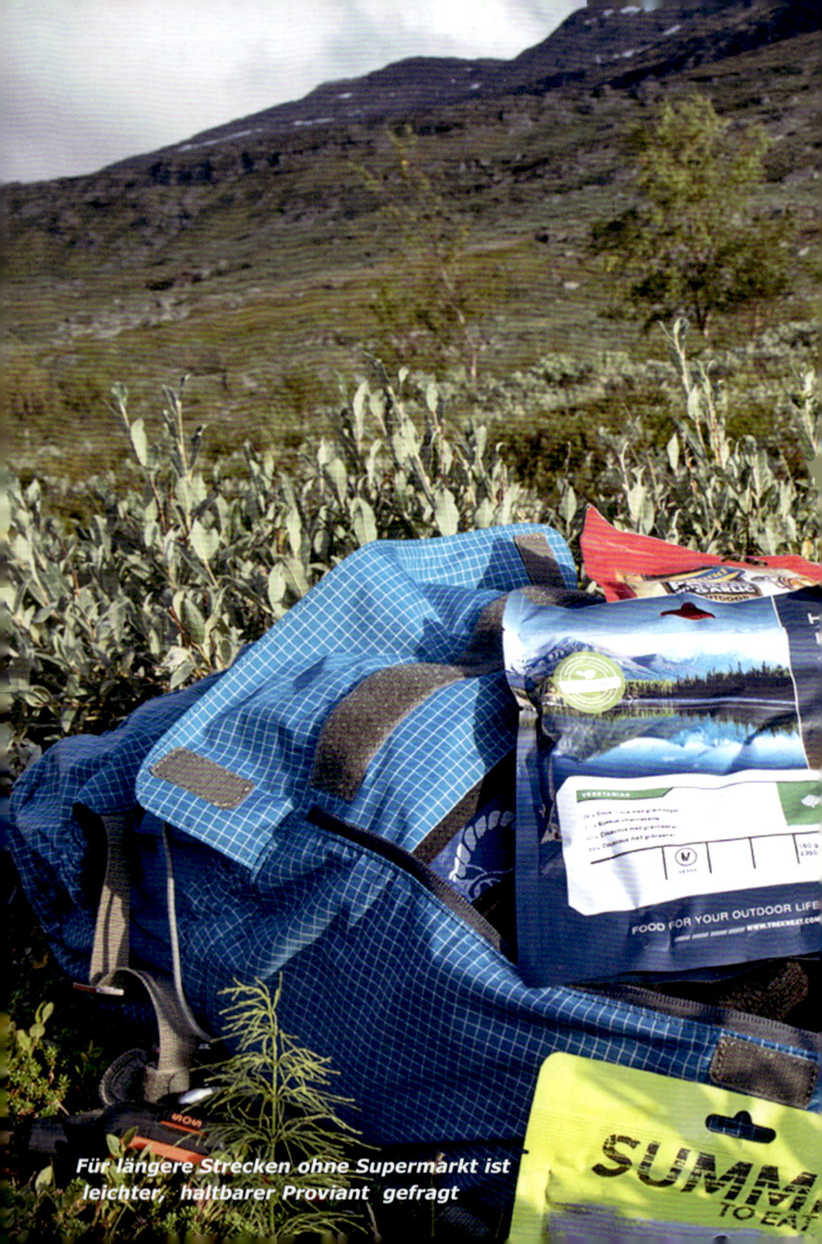

Für längere Strecken ohne Supermarkt ist leichter, haltbarer Proviant gefragt

Rucksackküche

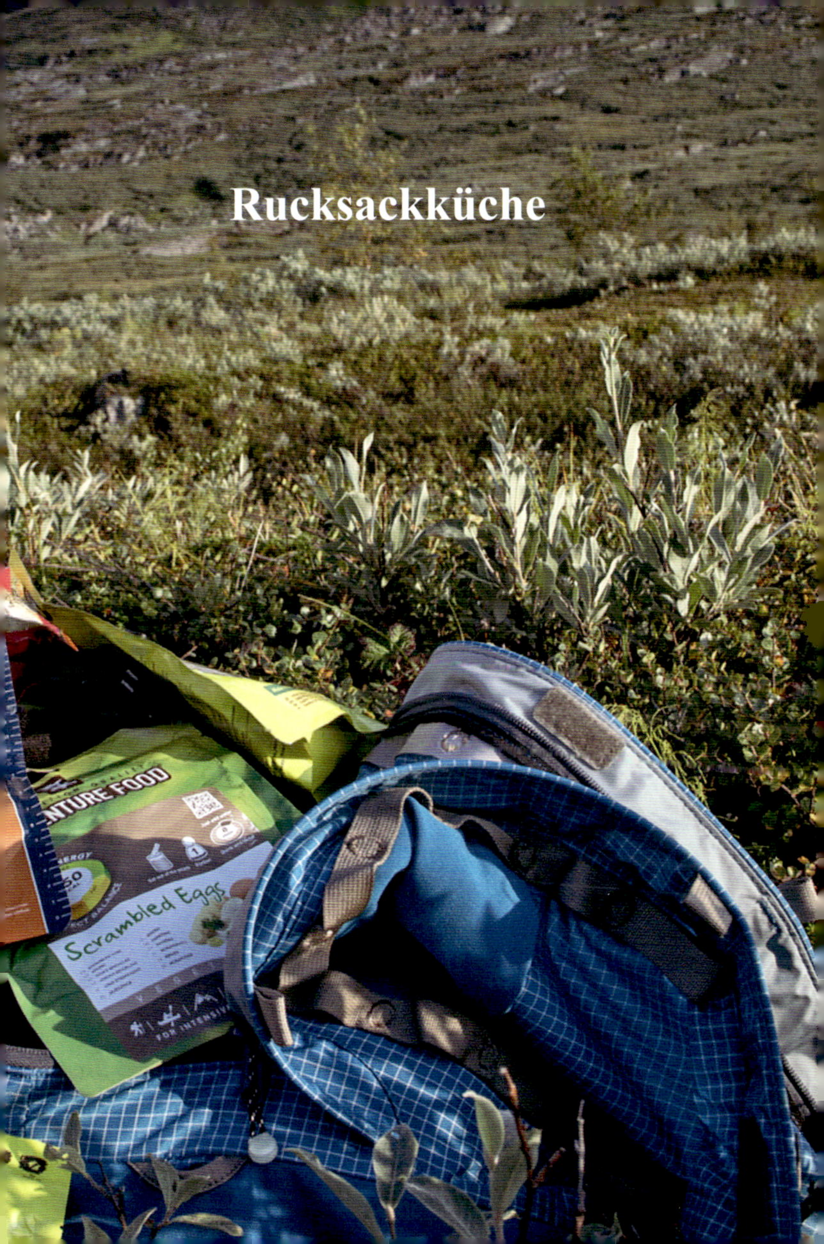

Wer weit wandern will, muss ordentlich essen, und wer in der Wildnis eine warme Mahlzeit bereiten will, braucht den richtigen Kocher. In diesem Kapitel finden Sie alles Wissenswerte zur Wildnisküche. Viele weitere Informationen zum Thema Kochen und einige Rezepte finden Sie in folgendem Buch:

- **Kochen 1 aus Rucksack und Packtasche** von Nicola Boll, Basiswissen für draußen, Conrad Stein Verlag, ISBN 978-3-86686-406-1, € 8,90
- **Kochen ultraleicht – Ausrüstung • Proviant • Rezepte** von Stefan Kuhn, Basiswissen für draußen, Conrad Stein Verlag, ISBN 978-3-86686-578-5, € 9,90

Kocher

Die Ausrüstungsfirmen bieten eine ganze Reihe unterschiedlicher Kochertypen an, die jeweils ihre Vor- und Nachteile haben:

Benzinkocher

\+ höchster Heizwert
funktionieren auch in großer Höhe und bei eisigen Temperaturen
\+ Versorgung mit Brennstoff praktisch weltweit problemlos möglich
– oftmals gefährliche Stichflamme beim Vorheizen, welches erforderlich ist, um das Benzin für die Verbrennung unter Druck zu setzen und zu verdampfen
– wartungsintensiv und viel technisches Geschick zum Betrieb erforderlich
– saubere Verbrennung nur mit reinem Benzin
– Windschutz meist nicht im Lieferumfang

Mehrstoffkocher

Sie vereinigen unterschiedliche Düsen bzw. Generatoren und können so neben Benzin auch Petroleum, Diesel oder Heizöl verbrennen und eignen sich besonders für Trekker die gerne weltweit unterwegs sind.

Gaskocher

\+ hoher Heizwert
\+ sauber und einfach in der Anwendung
\+ gute Flammenregulierung
\+ wackeliger Stand bei einfacheren Modellen, die direkt auf die Kartusche gesetzt werden

- Leistungsabnahme bei geringen Temperaturen und großen Höhen
- Versorgung mit den benötigten Gaskartuschen je nach Trekkingregion zum Teil schwierig (gut in Europa, Afrika und Nordamerika)
- Windschutz meist nicht im Lieferumfang

Spirituskocher

+ unkomplizierte Handhabung,
+ problemlos im Vorzelt benutzbar
+ zuverlässige Funktion
+ meist in Verbindung mit stabilem Windschutz
- verhältnismäßig geringer Heizwert
- müssen bei Temperaturen unter dem Gefrierpunkt vorgeheizt werden
- Flamme lässt sich kaum regulieren
- Brennstofferhältlichkeit außerhalb Europas oft problematisch
- Töpfe verrußen stark

Mit gefriergetrockter Trekkingnahrung ist das Abendessen schnell zubereitet

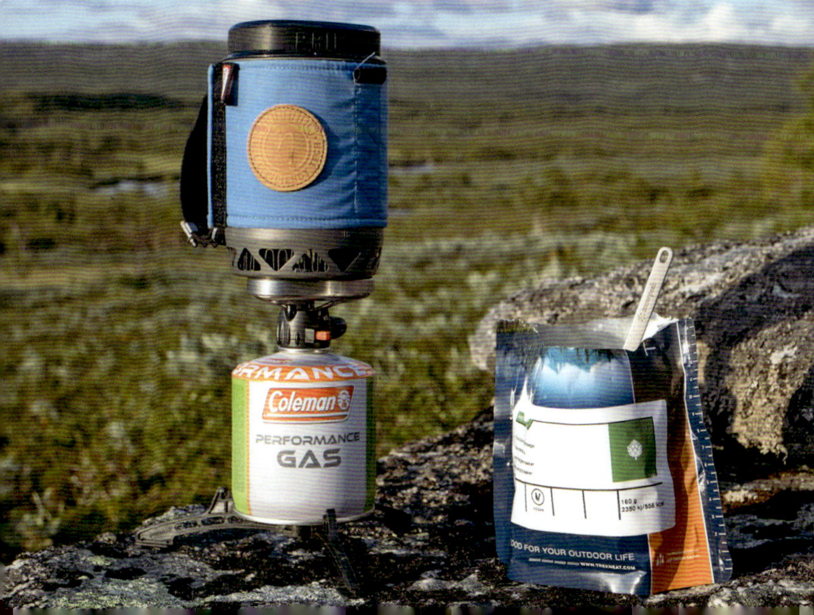

☺ Egal für welchen Kochertyp Sie sich entscheiden, notieren Sie nach der Tour Ihren Brennstoffverbrauch – so können Sie die benötigte Menge für die nächste Reise besser planen.

Wenn es nicht auf das letzte Gramm Gewicht ankommt, kommt bei mir nach wie vor der über Jahrzehnte bewährte Trangia-Sturmkocher zum Einsatz. Allerdings nicht klassisch mit einem Spiritusbrenner, sondern mit einem Gaseinsatz. Die Vorteile dieser Kombination: Ich erhalte eine komplette Outdoorküche samt zwei Töpfen, einer Pfanne und einem wirkungsvollen Windschutz mit kompakten Packmaßen. Dank des Gaseinsatzes brauche ich nicht mit Spiritus zu hantieren (früher hat mir mitunter der beim Transport aus dem Brenner ausgelaufene Spiritus den Morgenkaffee im wahrsten Wortsinne „vergällt") und die Flamme lässt sich bequem regulieren.

Auf mehrtägigen Trekkingtouren mit Minimalgepäck bekommt dagegen der Primus All-in-one-Kocher Lite + den Vorzug. Weitere, vergleichbare Systemkocher sind z. B. Jetboil Flash, Jetboil MiniMo oder MSR Reactor. Bei diesen Geräten sind Brenner, Topf und Windschutz perfekt aufeinander abgestimmt. Beim Kochen bilden Topf und Brenner eine Einheit, da sie durch einen Bajonettverschluss fest miteinander verbunden sind, und für den Transport können alle Komponenten (inklusive einer kleinen 100-g-Gaskartusche) im Topf verstaut werden. Neben geringem Gewicht und kompaktem Packmaß begeistern die All-in-one-Systemkocher durch einen hohen Wirkungsgrad. Sie eignen sich in erster Linie, um Wasser schnell und mit möglichst geringem Gasverbrauch zum Kochen zu bringen, und sind daher perfekt, um sich am Morgen Tee-/Kaffee-Wasser zu kochen, sowie für die Zubereitung von dehydrierten Trekkingmahlzeiten, die nur mit heißem Wasser aufgegossen werden müssen. Auch einfache Instant-Geriche wie Asia-Nudeln oder Kartoffelbrei bekommt man damit hin, nur aufwändiges Kochen oder gar Braten sind nicht möglich.

☹ Leider erschweren immer strengere Sicherheitsbestimmungen die Mitnahme von Kochern im Flugzeug. Das Gaskartusche und anderer Brennstoffe nicht ins Fluggepäck gehören, versteht sich von selbst. Ich habe aber auch schon Diskussionen mit dem Sicherheitspersonal wegen einer leeren Brennstoffflasche geführt, da diese noch leicht nach Spiritus roch. Die Regelungen bzw. deren Auslegung sind nach meiner Erfahrung je nach Fluggesellschaft, Flughafen und

Personal sehr unterschiedlich. Um unnötige Diskussionen zu vermeiden, sollten Sie Brenner und Brennstoffflasche vollständig von den Brennstoffresten reinigen und gut lüften, damit kein Geruch mehr anhaftet. Am unproblematischsten gestaltet sich in der Regel die Mitnahme von Gaskochern (ohne Kartusche, versteht sich).

Zusätzlich zum Kocher benötigen Sie Koch- und Essgeschirr. Da es bei einer Trekkingtour auf jedes Gramm ankommt, sollte man sich auf das Wesentliche beschränken. Es reicht ein Topf mit Deckel, der gleichzeitig auch als Pfanne oder Teller dient, ein „Göffel" (ein Löffel, der dank ein paar Zinken am Griff auch als Gabel funktioniert) sowie ein sogenanntes „Berghaferl". Da diese ovale Kunststoff-Tasse die Wärme nicht leitet, kann man sie auch nach dem Einfüllen heißer Getränke gut in der Hand halten, ohne sich die Finger zu verbrennen. Sie ist groß genug, um daraus auch Müsli zu essen, und dank einer Skala dient sie bei Bedarf auch als Messbecher.

Eine sinnvolle Ergänzung zur Minimalausstattung ist ein zweiter Topf (der sich in den ersten Topf stapeln lassen sollte). So kann man auch Tee oder Kaffee kochen, ohne erst den Essenstopf abwaschen zu müssen. Nicht notwendig und nur unnötiger Ballast sind dagegen aus meiner Sicht Teekessel, Teller und ein Geschirrmesser (denn das Taschen- oder Fahrtenmesser ist ja sowie im Gepäck).

Ob Sie sich beim Material für Aluminium, Edelstahl oder Titan entscheiden, ist vor allem bei den Töpfen eine Preisfrage. Bei der Pfanne lohnt sich die Investition in eine Antihaft-Beschichtung (z. B. Non-Stick oder Teflon) auf jeden Fall, da reine Aluminium- oder Edelstahlpfannen so sehr zum Anbrennen neigen, dass der praktische Nutzen gegen Null tendiert.

Trinkwasser

Ob die Trinkwasserversorgung zu einem Problem wird, hängt stark vom Reiseziel ab. In zivilisationsfernen und wasserreichen Wandergebieten, wie z. B. Lappland und Alaska, aber auch in vielen Bergregionen, sind überall klare Bäche und Seen zu finden, deren Wasser meist gefahrlos trinkbar ist. Anders sieht es dagegen in den trockeneren Klimazonen, z. B. bei einer sommerlichen Trekkingtour im Mittelmeerraum, aus. Hier sind gute Wanderführer mit verlässlichen Angaben zu Quellen und Wasserqualität von großer Hilfe. Trotzdem ist es unerlässlich, ständig eine ausreichend große Reserve mit sich zu führen, die das Gewicht des ohnehin schon schweren Rucksacks weiter erhöht.

Die Wasserqualität von Flüssen und Seen hängt stark von deren Einzugsgebiet ab und leider lassen sich Krankheitserreger nicht mit bloßem Auge erkennen. Erkundigen Sie sich daher am besten immer bei Einheimischen und Ortskundigen, inwieweit das Wasser aus Seen, Bächen oder Flüssen trinkbar ist.

Müssen Sie auf Wasser aus zweifelhaften Quellen zurückgreifen, so gibt es verschiedene Möglichkeiten zur Wasserentkeimung:

▷ Abkochen ist die einfachste Methode. Dazu ist keine zusätzliche Ausrüstung erforderlich, aber der Brennstoffverbrauch steigt. Um Krankheitserreger vollständig abzutöten, muss das Wasser mindestens 10 Minuten sprudelnd kochen und es funktioniert zuverlässig nur in Höhen unter 1.000 m.

▷ Zur chemischen Wasseraufbereitung werden verschiedene Präparate in Tabletten-, Pulver- oder flüssiger Form angeboten (z. B. Micropur, Multi-Sil). Sie erfordern die richtige Dosierung und müssen je nach Mittel bis zu 120 Minuten einwirken.

▷ Wasserfilter (z. B. Katadyn) sind sicher, wirtschaftlich, schnell (ab 0,5 Liter/Min.) und filtern auch organische und anorganische Trübstoffe.

▷ Die Bestrahlung mit UV-Licht (z. B. SteriPen) ist eine recht moderne Alternative zu den Wasserfiltern. Dabei werden Viren, Bakterien und Protozoen zuverlässig und in kurzer Zeit (ca. 90 Sek. für 1 Liter) abgetötet und die Behandlung hat keinerlei Auswirkungen auf den Geschmack des Wassers.

Proviant

Wie wäre es nach der anstrengenden Wanderung mit Boeuf Stroganoff und einem Glas Rotwein? Die Trekkingausrüster machen es möglich. Gut, der Geschmack des Rotweinpulvers erinnert eher an Essig als an einen vollmundigen Cabernet Sauvignon und natürlich dürfen Sie vom Aufguss-Trekking-Dinner keine Gaumenfreuden wie im Edelrestaurant erwarten, aber grundsätzlich schmecken dehydrierte Nahrungsmittel gar nicht mal so übel und auf längeren Wildnistouren ohne Supermarkt am Wegesrand stellen sie die einzige Möglichkeit dar, um bei akzeptablem Gewicht ausreichend Kalorien zu tanken.

Eine Rucksackwanderung durch anspruchsvolles Gelände ist Schwerstarbeit. Wegen der sehr hohen körperlichen Belastung klettert der Energiebedarf pro Tag auf etwa 3.000 Kilokalorien (kcal).

Zum Vergleich: Im Alltag werden maximal ca. 2.000 kcal benötigt. Die Verpflegung muss daher haltbar, nährstoffreich und leicht sein und sollte bei der Zubereitung möglichst wenig Brennstoff verbrauchen. Diese Anforderungen erfüllt die Astronautennahrung aus dem Trekkingladen recht gut: Einfach Tüte aufreißen, kochendes Wasser einfüllen und für ein paar Minuten ziehen lassen.

Die Fertigmahlzeiten sind in allen erdenklichen Geschmacksrichtungen erhältlich, aber leider nicht gerade ein Schnäppchen und trotz der Vielfalt auf Dauer recht eintönig. Packen Sie daher neben den Fertiggerichten in der Leichtmetalltüte auch „normale“ Lebensmittel wie Reis und Nudeln ein, sehr gut geeignet ist auch Couscous. Zusammen mit ein paar Gewürzen und dehydrierten Lebensmitteln (gibt es z. T. auch in größeren Supermärkten) wie Quellgemüse sowie Milch- und Eipulver lassen sich daraus leckere Gerichte „zaubern“, die Leib und Seele zusammenhalten.

☺ Für die kleinen Zwischenmahlzeiten bieten sich Müsliriegel, Nüsse und Trockenobst an. Deponieren Sie die Trail-Snacks griffbereit im Deckel- oder Seitenfach des Rucksacks, damit Sie in der Pause nicht lange danach suchen müssen.

Beim Verpacken der Lebensmittel für die Trekkingtour wird der alltägliche Verpackungsirrsinn im Supermarkt augenfällig. Entfernen Sie alle überflüssigen Umverpackungen und Kartons. Ob Müsli, Nudeln oder Kaffeepulver – für die Trekkingtour verstaue ich praktisch alles in wiederverschließbaren Gefrierbeuteln (z.B. „ZipLoc“). So sind die Nahrungsmittel wasserdicht und wiederverschließbar verpackt und ich kann ohne Probleme erkennen, was in welchem Beutel ist. Der entscheidende Vorteil gegenüber starren Dosen oder Weithalsflaschen: Mit abnehmender Proviantmenge sinkt auch das beanspruchte Packvolumen im Rucksack.

Für noch mehr Übersicht und schnellen Zugriff kommen die einzelnen Gefrierbeutel sortiert nach Frühstück, Abendessen und Zwischensnacks jeweils in einen Baumwollbeutel.

Verpflegungsplanung für (wochen-)lange Trekkingtouren

Die optimale Verpflegungsplanung hängt in erster Linie davon ab, wie „zivilisationsfern" die geplante Route verläuft. Während man auf einer Tour entlang eines deutschen Fernwanderwegs oder bei einer Alpenüberquerung in regelmäßigen Abständen durch ein Dorf mit Einkaufsladen und/oder sogar Gasthof kommt (und sogar auf dem beliebten Kungsleden bietet das fantastische schwedische Hüttensystem die Möglichkeit, den Proviant mitten im Fjäll aufzustocken), besteht bei Touren in einsamen/abgelegenen Regionen über weite Strecken keine Möglichkeit zum Nahrungsmitteleinkauf und es gibt nur das zu essen, was man im Rucksack bei sich trägt.

Die Frage, was und wie viel Proviant in den Rucksack gehört, trägt zwar essentiell zum Gelingen der Tour bei, ist aber nicht einfach zu beantworten. Das Dilemma: Weder will man unnützes Gewicht mit sich herumschleppen, noch möchte man unterwegs am Hungertuch nagen.

Wie viel Nahrung man auf einer Trekkingtour benötigt, hängt neben Faktoren wie Schwierigkeitsgrad der Tour und Jahreszeit zu einem großen Teil auch von der eigenen Person ab. Eine detaillierte Berechnung, wie viele Kalorien pro Tag benötigt werden, ohne dass Heißhungerattacken drohen oder am Ende der Tour die Nahrungsaufnahme rationiert werden muss, fällt individuell sehr unterschiedlich aus. Sie werden daher nicht umhinkommen, Ihre eigenen Erfahrungswerte zusammenzutragen. Für den Anfang können Sie sich ganz grob an den folgenden Richtwerten orientieren.

Um den bereits genannten Bedarf von täglich etwa 3.000 kcal zu decken, brauchen Sie in etwa die folgenden Rationen:

- Frühstück: 250 g Müsli + Milchpulver + Kaffee oder Tee
- Snacks für zwischendurch: 250 g in Form von Nüssen, Schokolade, Trockenfrüchten, Energieriegeln
- Abendessen: 250 g Trekkingmahlzeit

In der Summe ergibt sich daraus eine Proviantmenge von mindestens 750 g pro Tag. Um zehn Tage autark unterwegs sein zu können, müssen Sie also zusätzlich zur ohnehin benötigten Ausrüstung rund 7,5 kg an Nahrungsmitteln im Rucksack mitschleppen. Dieser Anhaltswert hat sich auch in der Praxis bewährt (abgesehen vom Gewicht wäre ohnehin nicht mehr Platz im Rucksack) und spätestens nach zehn Tagen ist ein Nachschub von außen erforderlich.

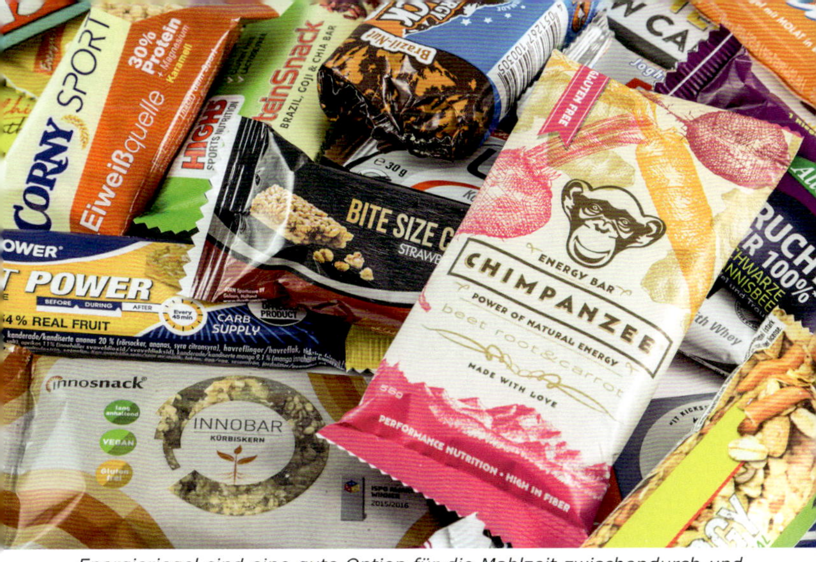

Energieriegel sind eine gute Option für die Mahlzeit zwischendurch und stellen dem Körper bei wenig Gewicht eine große Menge an Energie zur Verfügung

Je nach Tour und Region ergeben sich dafür zwei Möglichkeiten. Entweder Sie erreichen ein Dorf mit Einkaufsmöglichkeit oder zumindest eine Straße, die einen Abstecher zu einem größeren Ort mit gut sortiertem Supermarkt ermöglicht, um die Lebensmittelvorräte auffüllen zu können, oder aber Sie organisieren vor der Tour den Versand von Proviantpaketen mit den benötigten Lebensmitteln. Diese können beispielsweise an Campingplätze oder Übernachtungsmöglichkeiten am Wegesrand adressiert werden. Logisch: Bevor Sie die Pakete losschicken, sollten Sie das zunächst mit der jeweiligen Einrichtungen besprechen und bei längeren Touren ist es ratsam, eine Vertrauensperson zu Hause mit dem zeitversetzten Versand der Care-Pakete zu beauftragen, damit die Pakete nicht zu lange vor Ort lagern müssen. Informieren Sie sich aber unbedingt über die Laufzeit der Pakete und planen Sie unbedingt einen zeitlichen Puffer ein, damit die Pakete Sie am vereinbarten Ort auch wirklich erwarten.

☺ Ergibt sich unterwegs die Möglichkeit zum Lebensmitteleinkauf, so bringen Brot, Obst und Käse für die beiden folgenden Wandertage eine willkommene Abwechslung auf den Speiseplan.

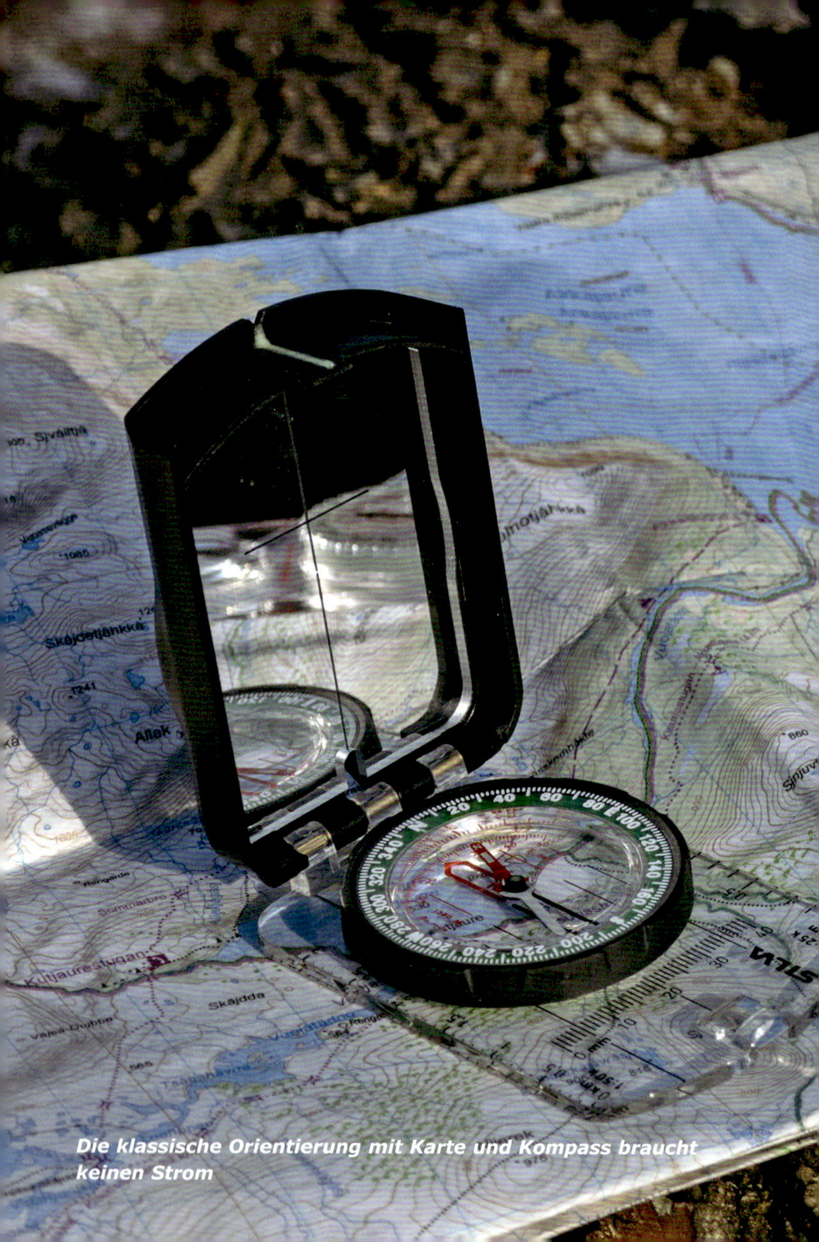

Die klassische Orientierung mit Karte und Kompass braucht keinen Strom

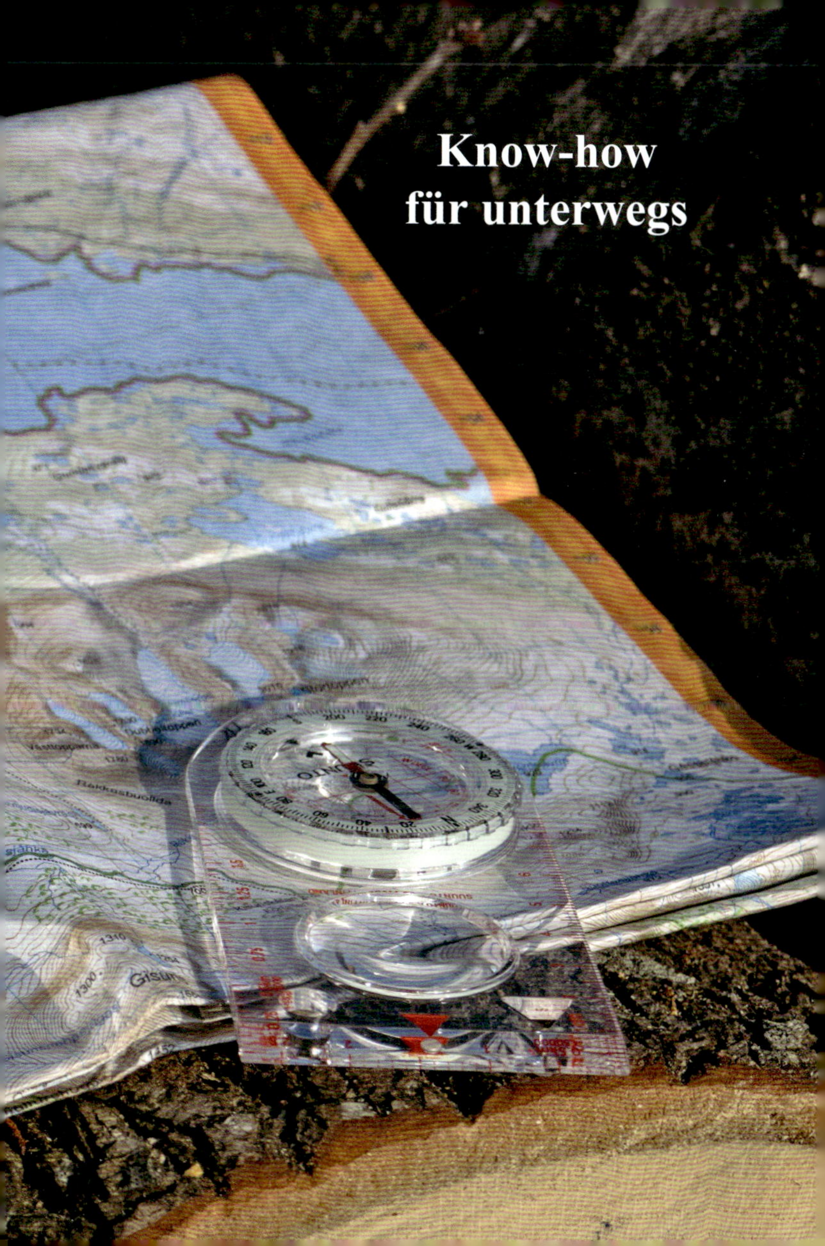

Know-how für unterwegs

Die Traumtour ist gefunden, die Landkarte im richtigen Maßstab gekauft und der Rucksack gepackt. Jetzt kann das Abenteuer beginnen. Damit unterwegs nichts schiefgeht, lesen Sie in diesem Kapitel alles, was Sie unterwegs wissen müssen.

Wissen, wo's langgeht: Hilfen für die Orientierung

Damit man sich in der absoluten Wildnis ohne markierte oder gebahnte Pfade zurechtfindet, ist der sichere Umgang mit Karte und Kompass Pflicht. Auf markierten Routen fällt die Orientierung zwar leichter, aber auch hier sollten Sie Wegweisern und Wegmarkierungen nicht „blind" trauen.

Wie so oft gilt auch für den Umgang mit Karte, Kompass & Co.: Übung macht den Meister. Gewöhnen Sie es sich daher an, Karte und Kompass bei jeder sich bietenden Gelegenheit zu nutzen – überhaupt erlebt man die grandiose Landschaft rechts und links vom Weg viel intensiver, wenn man eine topografische Karte richtig liest und stets genau weiß, wo man sich befindet.

Gute Bücher, um die notwendigen Handgriffe zur Orientierung mit und ohne Hilfsmittel zu erlernen, sind z. B.:

- **Karte • Kompass • GPS** von Reinhard Kummer, Basiswissen für draußen, Conrad Stein Verlag, ISBN 978-3-86686-619-5, € 8,90
- **GPS – Grundlagen • Tourenplanung • Navigation** von Michael Hennemann, Basiswissen für draußen, Conrad Stein Verlag, ISBN 978-3-86686-495-5, € 9,90
- **Trailfinder – Orientierung ohne Kompass und GPS** von Wolfgang Regal, Basiswissen für draußen, Conrad Stein Verlag, ISBN 978-3-86686-325-5, € 7,90

Kompass

Trotz Satellitennavigation gehört der Kompass noch lange nicht zum alten Eisen. Er funktioniert auch bei Stromausfall oder wenn die Technik versagt.

Am zuverlässigsten funktioniert die Standortbestimmung per Kompass, wenn Ihnen die Strecke, auf der Sie gerade gehen, bekannt ist (z. B. auf einem Weg, in einem Tal oder entlang eines Flusses). Dann genügt es, einen markanten Punkt mit dem Kompass anzupeilen (z. B. einen Gipfel oder die Insel in einem See). Halten Sie den Kompass dabei waagerecht und drehen Sie den Kompassring so lange, bis sich Nordmarkierung und Nordpfeil der Kompassnadel decken.

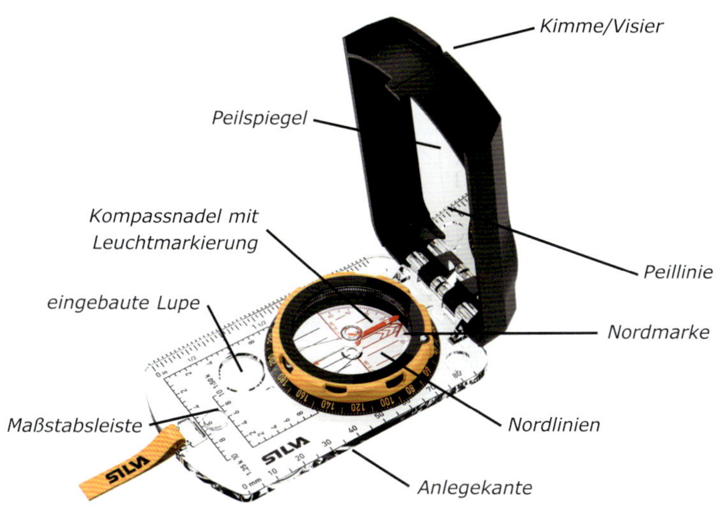

Die wichtigsten Teile eines Peilkompasses am Beispiel des Silva Expedition, Abbildung: Silva

Legen Sie anschließend die Anlegekante des Kompassgehäuses am Peilpunkt auf die Karte und drehen Sie ihn solange um diesen Punkt, bis sich die Linien im Boden des Kompasses mit dem Kartennord decken. Ihr Aufenthaltsort ist dann der Schnittpunkt von Anlegekante und bekannter Strecke.

GPS

GPS ist die Abkürzung für „Global Positioning System". Der GPS-Empfänger wertet die Signale mehrerer Navigationssatelliten aus und errechnet daraus sehr genau den aktuellen Standort.

Das Navigationssystem aus dem Auto taugt für die Trekkingtour natürlich nicht. Gefragt sind vielmehr handliche Empfänger wie z. B. die Geräte der eTrex-(touch)-Serie von Garmin. Sie sind leicht, kompakt und zeichnen sich durch einen empfindlichen Empfänger (wichtig z. B. in Schluchten oder im Wald) sowie geringen Stromverbrauch aus.

Ein GPS-Empfänger vereinfacht die Navigation und bietet eine gewisse Sicherheitsreserve, z. B. wenn bei schlechter Sicht eine Kompasspeilung unmöglich wird. Zusätzlich liefert er weitere Informationen, z. B. die Entfernung zu einem gewählten Punkt, die zurückgelegte Strecke oder die geschätzte Ankunftszeit.

Außerdem können Sie einen GPS-Empfänger auch fürs Geocaching zu Hause nutzen und die gewanderte Strecke aufzeichnen, sodass Sie Ihre Reise zu Hause am PC, z. B. bei Google Earth, genau nachverfolgen können. Kurz: Ein GPS-Empfänger ist zwar nicht ganz billig, aber eine feine Sache.

Mit dem Kauf des Geräts ist es leider nicht getan. Allein hilft es Ihnen unterwegs nur wenig, denn wie beschrieben kann der Empfänger nur den aktuellen Standort nennen. Dieser nützt, selbst wenn er absolut genau ist, allerdings herzlich wenig, wenn Sie mangels einer geeigneten Karte nicht wissen, wo es hingehen soll.

Zusätzlich benötigen Sie daher eine digitale topografische Karte zum Aufladen auf den Empfänger. Sie sind erhältlich für viele europäische Länder sowie die USA und kosten je nach Land zwischen € 80 und 300.

Smartphone

Taugt das Smartphone zum Navigieren beim Wandern? Angesichts der Tatsache, dass das Smartphone ohnehin mit im Gepäck ist und praktisch jedes Gerät über einen integrierten GPS-Chip verfügt, liegt diese Frage nahe. In der Tat erweist sich ein Smartphone in Verbindung mit einer Outdoor-Navigations-App wie Komoot (💻 www.komoot.de) oder Outdooractive (💻 www.outdooractive.com) als potenter Wanderlotse. So lassen sich der Streckenverlauf als Track sowie das benötigte Kartenmaterial bereits zu Hause vor der Tour herunterladen und es wird unterwegs keine Mobilfunkverbindung für die Navigation benötigt.

Gerade bei einer mehrtägigen Trekkingtour abseits der Zivilisation gibt es gegenüber einem GPS-Empfänger aber gravierende Einschränkungen. So sind Smartphones in den meisten Fällen weniger robust und empfindlicher gegen Wasser und Schmutz. Größtes Manko ist vor allem die kurze Akkulaufzeit. Soll beispielsweise die zurückgelegte Strecke im GPS-Dauerbetrieb aufgezeichnet werden, so ist der Akku schnell erschöpft und das Display bleibt schon vor dem Ende der ersten Tagesetappe schwarz. Gerade bei Touren abseits des Stromnetzes gehört daher unbedingt eine Powerbank in den Rucksack, um den Smartphoneakku zwischendurch wieder aufladen zu können.

Höhenmesser

Der Höhenmesser kommt im Wesentlichen im hochalpinen Bereich zum Einsatz. Hier nützt der Kompass nur wenig. Ein Höhenmesser lässt sich auch gut als Barometer verwenden, sodass ein Wetterwechsel relativ frühzeitig erkannt werden kann (☞ Wettervorhersage).

Der Höhenmesser muss bei jeder sich bietenden Gelegenheit justiert werden. Treffen Sie auf einen Punkt mit bekannter Höhe (z. B. Wegkreuzungen, Hütten oder Gipfel), so stellen Sie den entsprechenden Wert am Höhenmesser ein.

Trekking mit Kindern

Wie viel kann man dem Nachwuchs bei einer Outdoor-Tour zumuten? Die ganz Kleinen können ab etwa 10 Monaten in der Rückentrage mit. Spätestens ab dem 4. Lebensjahr wollen die Kinder dann aber meist selbst laufen. Schulkinder können schon Tagestouren mit Gehzeiten von bis zu 5 Std. bewältigen und einen leichten Rucksack (ca. 5 kg) tragen. Ab 10 Jahren halten die meisten Kids mit den Erwachsenen Schritt. Nur der Rucksack sollte nicht zu schwer werden. Als Richtwert gilt eine Obergrenze von 7 kg.

Trekkingtouren sind ein Abenteuer für Groß und Klein

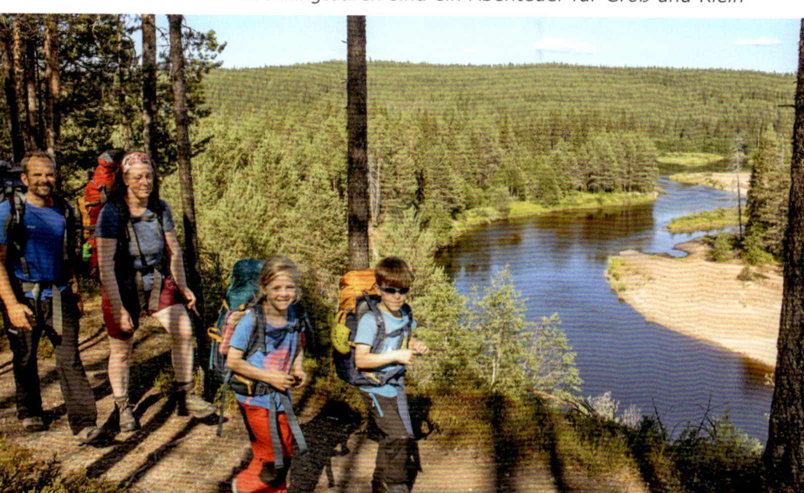

Ein paar Tipps für die Tour mit Kids:

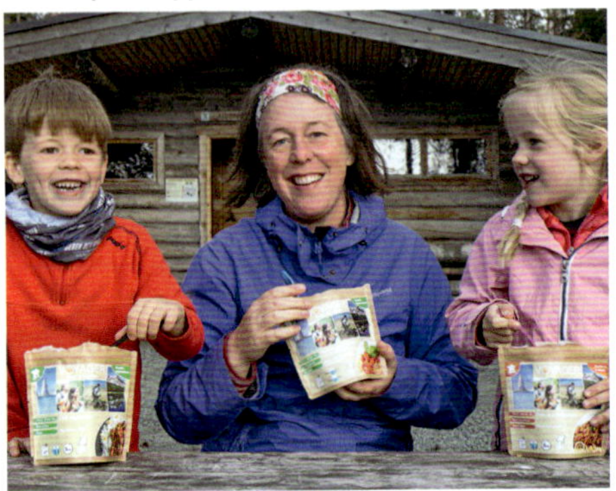

Trekking macht hungrig

- ▷ Fragen Sie bei der Tourenplanung die Kinder nach ihren Wünschen.
- ▷ Safety first: Unternehmen Sie nur Touren, bei denen Sie sich selbst absolut sicher fühlen.
- ▷ Ausreichend Zeit ist der Schlüssel zum Erfolg. Lassen Sie es ruhig angehen und planen Sie genug Zeit für Pausen, Naturentdeckungen und zum Herumtollen ein.
- ▷ Am meisten Spaß hat der Nachwuchs zusammen mit anderen Kindern.
- ▷ Lassen Sie die Kleinen mitmachen und den Kompass halten, das Zelt einräumen oder beim Kochen helfen.

Abschließend vier Buchempfehlungen für Outdoor-Touren mit Kindern:

- **Alles bleibt anders**. Mit Kindern auf Abenteuer-Reisen von Regina Stockmann, Naturzeit Reiseverlag, ISBN 978-3-944378-12-1, € 15,90
- **Siljas Reisen: Vom Glück als Familie unterwegs zu sein** von Stefan Rosenboom, Verlag Berg & Tal, ISBN 978-3-93949-914-5, € 24,90
- **Allein im Wald.** Survival für Kinder von Colleen Politano, Basiswissen für draußen, Conrad Stein Verlag, ISBN 978-3-86686-014-8, € 7,90
- **Wandern mit Kind** von Kerstin Micklitza, Basiswissen für draußen, Conrad Stein Verlag, ISBN 978-3-86686-015-5, € 7,90

Zeltplatzwahl

Das Zelt sollte schon lange vor Einbruch der Dunkelheit stehen. Deshalb ist das rechtzeitige Suchen nach einem Lagerplatz wichtig. Prüfen Sie anhand der Karte, wo voraussichtlich ein guter Platz zu finden sein wird. Ein guter Zeltplatz muss mehrere Kriterien erfüllen:

- ▷ ebener und trockener Untergrund
- ▷ nahe gelegene Wasserstelle
- ▷ windgeschützte Lage
- ▷ sonniger bzw. schattiger Essplatz
- ▷ gute Aussicht

Lagerfeuer

Ein zünftig-prasselndes und wärmendes Lagerfeuer macht die Outdoor-Nacht perfekt:

- ▷ Nutzen Sie möglichst bereits vorhandene Feuerstellen.
- ▷ Suchen Sie eine möglichst vegetationslose Stelle in Wassernähe und weitab vom leicht entflammbaren Zelt. „Bauen" Sie aber nie ein Feuer auf Felsgestein, denn die Steine könnten abplatzen.
- ▷ Umranden Sie die Feuerstelle mit ein paar Steinen.
- ▷ Sammeln Sie nur trockenes, totes Holz. Birkenrinde und Tannenzapfen sind gute Feuerstarter.
- ▷ Nutzen Sie das Feuer, um Mahlzeiten oder Getränke zu kochen. Sie sparen so wertvollen Brennstoff ein.
- ▷ So schwer es auch fällt: Verzichten Sie bei anhaltender Trockenheit auf Lagerfeuer.

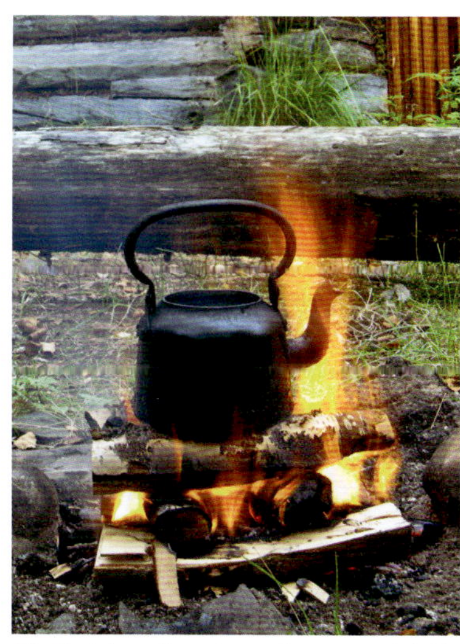

Ein knisterndens Lagerfeuer macht die Outdoor-Romantik perfekt

☞ Erkundigen Sie sich im Vorfeld bei Behörden oder Einheimischen, ob das Feuermachen erlaubt ist und ob bestimmte Regeln einzuhalten sind (z. B. in Nationalparken).

Fotografie

Jede Trekkingtour ist ein einzigartiges Erlebnis und natürlich möchte man das in Bildern festhalten. Das einfache Credo beim Zusammenstellen der Fotoausrüstung lautet: „So viel wie nötig, so wenig wie möglich". Natürlich will man für jedes Motiv gewappnet sein, wird die Fotoausrüstung aber zu schwer, so verleidet die Schlepperei schnell den Spaß am Wandern.

Dank der Digitalfotografie kann die benötigte Fotoausrüstung auf ein Minimum reduziert werden. So reicht die Foto-Leistung eines halbwegs aktuellen Smartphones schon aus, damit eine zusätzliche Kompaktkamera überflüssig wird. Mehr Möglichkeiten und einen großen Zoombereich des Objektivs bei gleichzeitig höhere Bildqualität dank größerem 1"-Sensor eröffnen kompakte Digitalkameras wie die Modelle aus Sonys RX100-Baureihe sowie die Lumix DC-TZ202 oder DMC-TZ101 von Panasonic. Ambitionierte Hobbyfotografen, die keine Kompromisse bei der Bildqualität oder Brennweitenauswahl eingehen möchten, greifen zu einer kompakten digitalen Spiegelreflex (DSLR) oder einer Systemkamera mit einem, maximal zwei (Zoom-)Objektiven.

Wohl nur die wenigsten werden zusätzlich ein Stativ mitschleppen. Eine stabilisierende Unterlage für die Kamera ist aber dennoch eine gute Idee, da sie den Einsatzbereich der Kamera enorm erweitert und außergewöhnliche Aufnahmen ermöglicht. Ich habe daher stets einen „Bohnensack" (💻 www.thepod.ca) griffbereit im Deckelfach des Rucksacks liegen. Man kann ihn einfach auf einen Felsen oder einen Baumstumpf legen und die Kamera darauf ausrichten. So gelingen Selbstporträts, Langzeitbelichtungen von fließenden Bergbächen und Lagerfeuerfotos.

Folgendes Zubehör brauchen Sie für den Fotospaß unterwegs:

- ▷ Verstauen Sie die wertvolle Kamera in einer wasserdichten Kameratasche oder zumindest einer Fototasche mit integrierter Regenhülle.
- ▷ Nehmen Sie ausreichend Speicherkarten und ein oder besser zwei Ersatzakkus mit.
- ▷ Vergessen Sie das Ladegerät nicht und setzen Sie es bei jeder sich bietenden Gelegenheit ein.

☺ Nutzen Sie das Display auf der Trekkingtour so wenig wie möglich, um Strom zu sparen.

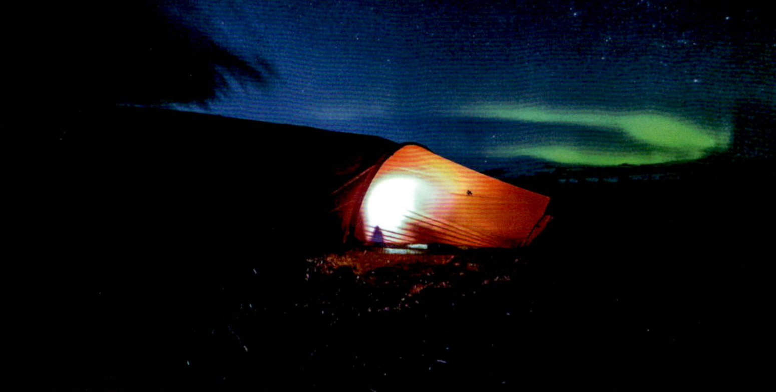

Ein Stativ erweitert die Fotoausbeute und ermöglicht unter anderem Langzeitbelichtungen

Kommunikation

Ob an den Fjällstationen in Schweden oder den Teehäusern in Nepal, Internetzugänge sind weltweit inzwischen so verbreitet, dass sich selbst auf einer Trekkingtour hin und wieder die Gelegenheit bietet, die Daheimgebliebenen per Skype oder WhatsApp zu kontaktieren und ein paar aktuelle Fotos bei Facebook zu posten.

Aber am Lagerfeuer noch mal kurz die Freunde zu Hause anrufen oder schnell die Mails checken? So manch einem mag der Gedanke daran, ein Smartphone mit auf Trekkingtour zu nehmen, Gänsehaut bereiten, denn schnürt man die Wanderstiefel nicht gerade, um dem gewohnten Alltag den Rücken zu kehren?

Letztendlich muss jeder selbst entscheiden, ob er ein Mobiltelefon in den Rucksack packt. Das Mobiltelefon bietet in jeden Fall zusätzliche Sicherheit, sei es, um den aktuellen Wetterbericht abzurufen oder im Notfall Hilfe anzufordern.

Überschätzen sollten Sie das Mobiltelefon als Helfer in der Not aber nicht. Es kann seinen Dienst quittieren, z. B. weil der Akku leer ist und viel entscheidender: Die Netzabdeckung ist in abgelegen Regionen oft viel dünner, als man denkt. Das gilt für die Mecklenburgische Seenplatte genauso wie für das schwedische Fjäll.

Die einzige zuverlässige Lösung zur Kommunikation in der Wildnis fernab vom Funkmast ist ein Satellitentelefon. Die bedeutendsten Anbieter sind aktuell Inmarsat, Iridium und Thuraya. Eine globale Netzabdeckung bietet dabei nur Iridium mit einem dichten Netz von über 60 Satelliten, die in einer verhältnismäßig niedrigen Umlaufbahn um die Erde kreisen. Jeder Satellit ist daher von einer bestimmten Position auf der Erdoberfläche nur für einen bestimmten Zeitraum sichtbar und sobald der Satellit hinter dem Horizont verschwindet, muss ein neuer Satellit in Reichweite des Satellitentelefons übernehmen. Inmarsat und Thuraya dagegen arbeiten mit geostationären Satelliten, die in einer Höhe von etwa 36.000 km über dem Äquator schweben und von der Erde aus gesehen an einem Ort zu stehen scheinen, sodass jeder Satellit immer dieselbe Erdregion versorgt. So lässt sich mit minimal drei Satelliten die gesamte Erdoberfläche mit Ausnahme der Polarregionen abdecken.

Im Gegensatz zu konventionellen GSM-Handys, bei denen man durch den Wechsel der SIM-Karte auch den Anbieter wechseln kann, legt man sich mit dem Kauf eines Satellitentelefons auf einen Anbieter fest, denn jedes Gerät ist nur mit dem jeweiligen Satellitensystem nutzbar – vor der Kaufentscheidung muss man daher mit einem Blick auf die Karte der Netzabdeckung sicherstellen, dass das Telefon auch in der gewünschten Zielregion funktioniert.

Günstig ist die Telefonie via Orbit allerdings in keinem Fall. Zu dem recht hohen Gerätepreis (je nach Anbieter zwischen € 700-1.300) addieren sich die einmaligen Kosten für Aktivierung sowie SIM-Karte und die Gesprächsgebühren für abgehende Gespräche schlagen mit bis zu € 2 pro Minute zu Buche. Für einen einmaligen Trekkingtrip ist das Mieten eines Satellitentelefons daher meist die günstigere Alternative als der Kauf (z. B. bei 💻 www.satfon.de).

Günstiger, sowohl in der Anschaffung wie auch bei den laufenden Kosten, sind Satellitenmessenger wie Spot X (💻 www.findmespot.eu) oder die inReach-Geräte von Garmin (💻 www.garmin.com), die eine Zwei-Wege-Kommunikation via Satellit ermöglichen, um 140-Zeichen lange Textnachrichten als SMS oder E-Mail zu versenden und zu empfangen.

Gleichzeitig erhöhen die Satellitenmessenger die Sicherheit auf einer Wildnis-Tour, denn bei einem Unfall kann ein SOS-Notruf samt der aktuellen Standortdaten an die internationale, privat betriebene Notrufzentrale GEOS übermittelt werden, die bei Bedarf den zuständigen Rettungsdienst vor Ort in Bewegung setzt.

Die Kosten für einen Bergungseinsatz sind nicht im Datentarif (☞ s. u.) enthalten. Wer nicht bereits über eine entsprechende Unfallversicherung verfügt, z. B. durch die Mitgliedschaft im Deutschen Alpenverein, kann eine entsprechende GEOS-Mitgliedschaft (ab ca. € 20/Jahr) entweder über den jeweiligen Geräteanbieter oder über GEOS direkt (💻 www.geostravelsafety.com) dazu buchen.

Als weitere Funktion bieten die Geräte eine Tracking-Funktion. Dabei wird auf Wunsch die aktuelle Position in bestimmten Intervallen (die möglichen Zeitabstände hängen dabei vom Gerät und gewählten Tarif ab) an ein Portal im Internet gesendet und jeder, der über den entsprechenden Link verfügt, kann den Reiseverlauf quasi „live" mitverfolgen.

Der **Spot X** (ca. € 300) sieht aus wie ein zu groß geratener, orangefarbener Blackberry mit üppig dimensionierter Antenne. Die Nachrichten müssen über die integrierte Tastatur eingegeben werden, eine Bluetooth-Modul zur Koppelung mit einem Smartphone gibt es nicht.

Der grundlegende Unterschied zwischen den beiden Anbietern liegt aber in den genutzten Satellitennetzwerken. Das Spot X verwendet das Globalstar-Netzwerk, welches eine weltweite Abdeckung für den SOS-Notruf sowie den Nachrichtenempfang bietet. Selbst Nachrichten verschicken kann man dagegen nur in Nord- und Südamerika, Europa und Afrika, nicht aber in Russland, China oder Australien. Das von Garmin genutzte Iridium-Netz dagegen bietet eine 100 %ige Abdeckung zum Senden und Empfangen von Nachrichten auf dem gesamten Globus.

Der **Garmin inReach Explorer+** (ca. € 500) ist ein Satellitenmessenger mit großem Display und Kartendarstellung, der SOS-Notrufknopf ist prominent an der Geräteseite untergebracht und wird durch eine Gummikappe vor Fehlbedienung geschützt. Die Steuerung kann direkt über die Gerätetasten erfolgen, es lässt sich aber auch ein Smartphone für die vereinfachte Bedienung koppeln. Deutlich kompakter und leichter ist das Garmin **inReach mini** (ca. € 350). Es ist im Funktionsumfang ähnlich, muss aber zwingend mit einem Smartphone verbunden werden, wenn man sich den eigenen Standpunkt auf der Karte anschauen oder eine Nachricht verschicken möchte.

Die Garmin-inReach-Geräte bieten zwar grundlegende Navigationsfunktionen, diese können allerdings nur bei aktivem Datentarif genutzt werden. Bei ruhendem Vertrag dagegen lässt sich das Gerät praktisch nicht nutzen. Außerdem gestaltet sich die Übertragung von Daten wie Wegpunkten und Tracks auf das bzw. vom Gerät sehr umständlich, da dieses nur über den Umweg des Garmin-inReach-Online-Portals möglich ist. Eine direkte Übertragung zwischen Computer und inReach-Gerät ist nicht möglich. Ein vollwertiges GPS-Handgerät, das bei Bedarf auch Satellitenkommunikation ermöglicht, ist das Garmin **GPSMap 66i** (ca. € 600).

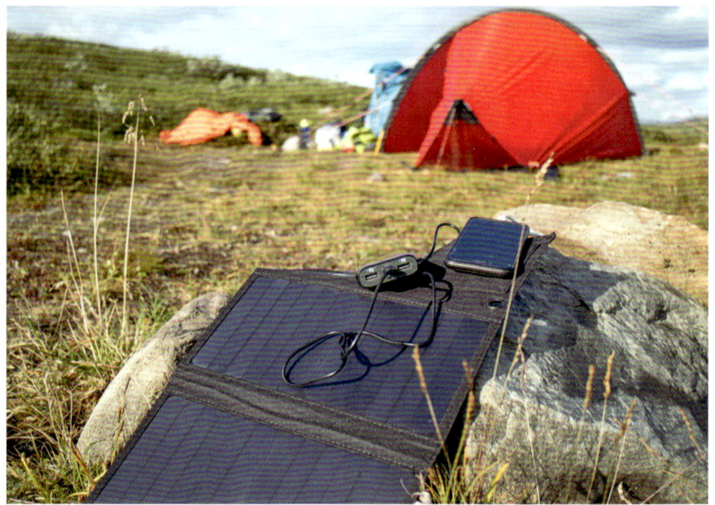

Ein faltbares Solarmodul stellt die Stromversorgung abseits der Steckdose sicher

Für die Funktion ist sowohl bei Spot wie auch bei Garmin die Buchung eines Servicetarifs erforderlich. Neben Jahresverträgen mit 12-monatiger Laufzeit bieten beide Anbieter auch flexible Kurzzeit-Verträge. Hier zahlt man eine Jahresgebühr in Höhe von ca. € 30 und kann dann für die Dauer der Tour jeweils einzelne Zeiträume von 30 Tagen buchen. Die Preise für die Monatsabonnements bewegen sich zwischen etwa € 18 (Spot) und 20 € (Garmin) für die Einsteiger-Tarife und € 50/€ 75 für den unbegrenzten Nachrichtenempfang und -versand. Garmin-Geräte lassen sich außerdem mit den Tarifen eines alternativen Anbieters nutzen (💻 www.protgear.de).

Gefahren

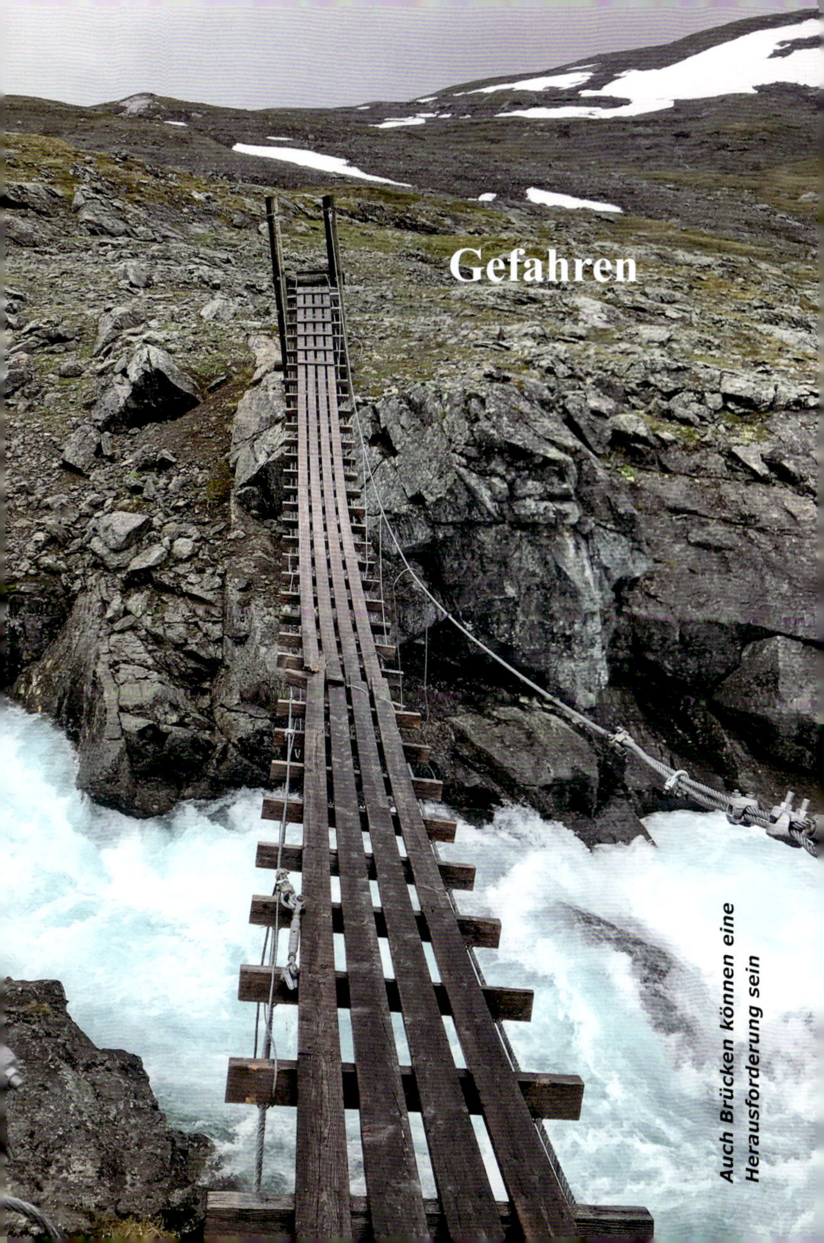

Auch Brücken können eine Herausforderung sein

Ob Wind, Regen, Schnee, Gewitter, eisige Temperaturen oder Nebel, das wohl größte Risiko geht auf einer Trekkingtour vom Wetter aus, da der Wildniswanderer ihm relativ ungeschützt ausgesetzt ist. Das Wetter bestimmt daher den Tagesablauf, prägt die Stimmung, und zwingt im schlimmsten Fall sogar zum Abbruch der Tour.

Wettervorhersage

In den letzten Jahren hat die Genauigkeit von Wetterprognosen enorm zugelegt. Dank Internet ist der Wetterbericht jederzeit zugänglich und lässt sich gezielt für die gewünschte Region abrufen. Unterwegs kann man, ein Smartphone und Netzabdeckung vorausgesetzt, den aktuellen Wetterbericht herunterladen oder ihn sich per SMS aufs Handy schicken lassen.

Aber auch im Funkloch und ohne Technik bekommt man die gewünschte Information, denn an vielen Hütten und Bergstationen hängt die aktuelle Wettervorhersage aus oder kann nachgefragt werden.

Mit ein bisschen Erfahrung lässt sich das Wetter der nächsten Stunden aber auch ganz ohne detaillierten Wetterbericht recht zuverlässig vorhersagen. Beobachten Sie dazu ständig das Geschehen am Himmel. So sind Sie auf einen eventuellen Wetterumschwung vorbereitet und können rechtzeitig Gegenmaßnahmen treffen, z. B. durch das Anziehen von Regenkleidung oder den Aufbau des Zeltes.

- ▷ Auffälligster Wetterindikator sind die Wolken am Himmel. Türmen sie sich an einem schwülwarmen Sommertag wie ein überdimensionaler Amboss in die Höhe, so droht ein Gewitter.
- ▷ Abend- und Morgenrot sind zwei weitere besonders augenscheinliche Wettererscheinungen. Es gilt der Merksatz „Abendrot Gutwetterbot, Morgenrot Regen droht".
- ▷ Milchige, diffuse Ringe um Sonne oder Mond (sogenannte „Halos") deuten auf eine Wetterverschlechterung hin.
- ▷ Auch die Kondensstreifen von Flugzeugen taugen als Wetterbote: Schlechtes Wetter ist im Anmarsch, wenn sich die Streifen verbreitern, anstatt sich schnell aufzulösen.

Mehr zum Thema finden Sie im Buch:

🕮 **Wetter** von Meeno Schrader und Michael Hodgson, Basiswissen für draußen, Conrad Stein Verlag, ISBN 978-3-86686-013-1, € 8,90

☺ Ein Höhenmesser ermittelt die Höhe durch eine Luftdruckmessung und taugt somit als Barometer. Stellen Sie beim Abgleich des Höhenmessers an bekannten Punkten wie Berghütten oder -gipfeln mehrmals hintereinander fest, dass der Höhenmesser die Höhe zu reichlich anzeigt, so sinkt der Luftdruck und es droht schlechtes Wetter. Umgekehrt können Sie sich freuen, wenn die Höhenangaben kontinuierlich zu knapp ausfallen: Dann steigt der Luftdruck und es besteht begründete Hoffnung für eine Wetterbesserung.

Verhalten bei schlechter Sicht

Bei aufkommendem Nebel bestimmt man als Erstes seine genaue Position und trägt diese mit Uhrzeit in die Karte ein. Befindet man sich auf ausgewiesenen Wegen, kann so lange weitergegangen werden, wie man die Wegmarkierungen sieht. Überprüfen Sie aber ständig mit Karte und Kompass und/oder mit dem GPS-Empfänger, ob Sie in die gewünschte Richtung gehen.

Abseits von Wegen ist ein Vorwärtskommen nur im leichten Gelände möglich. Bestimmen Sie dazu dann mit der Karte einen genauen Kompasskurs.

Ansonsten gilt bei dichtem Nebel: Zelt aufbauen und auf bessere Sicht warten.

Gewitter

Aus sicherer Entfernung ist ein Gewitter ein beeindruckendes Naturschauspiel. Steckt man aber mittendrin, so wird es schnell gefährlich. Warnzeichen für ein aufziehendes Gewitter sind schwüle Luft, entferntes Donnergrollen und aufziehende Quellwolken, die sich zu einem dunklen Turm verdichten, sowie rasant abfallender Luftdruck.

Droht ein Gewitter, so gilt: Runter von Berggipfeln, einsamen Graten und offenen Hochflächen! Halten Sie sich von Wasserläufen, Rinnen, Drahtseilen und frei stehenden Bäumen fern.

Im Gegensatz zu einem Auto ist das Zelt leider kein Faradayscher Käfig. Bauen Sie es daher bei Gewitter möglichst in einer Senke auf, noch sicherer ist die Übernachtung in einer Hütte mit Blitzableiter.

Windchill

Der Windchill-Faktor beschreibt die Abhängigkeit der Temperatur von der Windgeschwindigkeit. Unterschätzen Sie niemals den auskühlenden Effekt durch Wind: So wird aus 0° Celsius bei kräftigem Wind eine „gefühlte Temperatur" von eisigen -17° Celsius.

Schützen Sie sich durch winddichte Bekleidung und suchen Sie für die Pausen und zum Zeltaufbau ein windgeschütztes Plätzchen, ansonsten ist die Gemütlichkeit schnell dahin und bei entsprechenden Minusgraden droht Unterkühlung.

Flüsse sicher durchqueren

Je abgelegener die Wanderregion, desto größer die Wahrscheinlichkeit, dass Sie auch brückenlose Flüsse überwinden müssen.

- ▷ Suchen Sie (im Zweifel stromaufwärts) nach einer geeigneten Stelle mit möglichst niedrigem Wasserstand und geringer Fließgeschwindigkeit.
- ▷ Der beste Zeitpunkt fürs Waten ist frühmorgens, dann ist, vor allem bei Flüssen, die von Gletschern gespeist werden, der Wasserstand am niedrigsten.
- ▷ Ist der Wasserstand höher als der Schaft Ihrer Wanderstiefel, so ziehen Sie besser Sandalen mit rutschfester Sohle an. Auf keinen Fall barfuß waten!
- ▷ Trekkingstöcke erleichtern das Waten ungemein. Haben Sie keine dabei, so suchen Sie sich einen ausreichend langen und stabilen Stock.
- ▷ Öffnen Sie vorab Hüft- und Brustgurt. Im Notfall können Sie so den Rucksack leicht abwerfen, falls Sie das Gleichgewicht verlieren.
- ▷ Gehen Sie schräg gegen die Strömung und stützen Sie sich stromabwärts mit den Stöcken ab.

Schnee & Eis

Ob im Hochgebirge oder im hohen Norden, Schneefelder halten sich mancherorts bis weit in den Sommer hinein. Das Queren von Schneefeldern stellt ein erhöhtes Risiko da. Für hartgefrorene Schneefelder an steilen Pässen oder Nordhängen kommen Sie kaum ohne technische Hilfsmittel wie Steigeisen oder Eispickel aus. Ansonsten helfen Gamaschen, die das Eindringen von Schnee in die Stiefel verhindern. Suchen Sie mit den Trekkingstöcken einen festen Halt und hacken Sie mit den Fußspitzen Stufen in den Schnee.

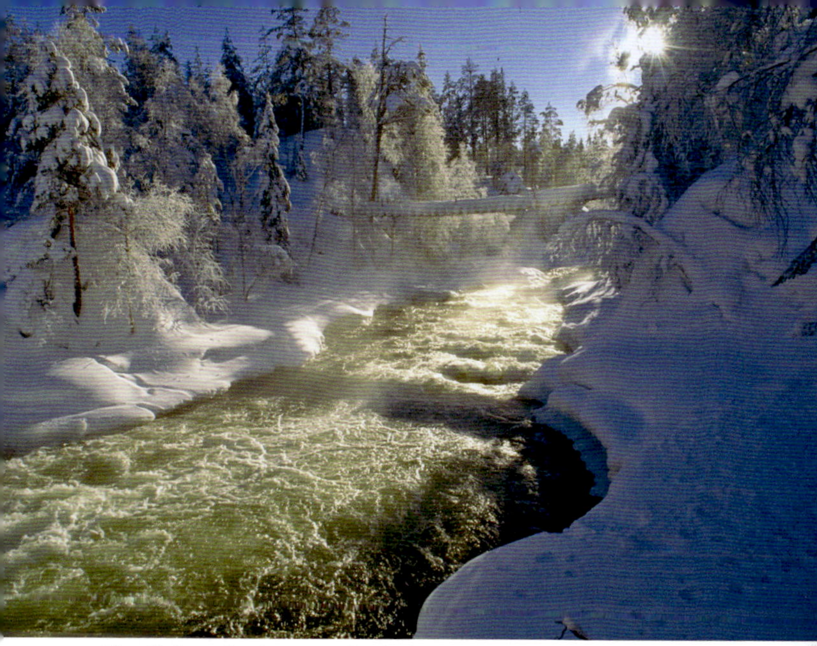

Eine tiefverschneite Winterlandschaft ist schön anzuschauen, hat aber auch ihre Tücken

Trekking im Winter unterscheidet sich in vielerlei Hinsicht von einer Sommertour. Sie benötigen wärmere Kleidung, einen dickeren Schlafsack und ein schneetaugliches Zelt. Da der Körper bei den niedrigen Temperaturen mehr Energie verbrennt, erhöht sich der Proviantbedarf und Schneegestöber sowie Lawinengefahr steigern den Schwierigkeitsgrad. Aber im Winter wird auch einiges einfacher. Auf Skiern gleiten Sie durch den Schnee dahin und können die Ausrüstung in einer Pulka hinter sich herziehen. Gefrorene Seen ermöglichen völlig neue Routenführungen und die Versorgung mit Trinkwasser ist kein Problem, da man einfach Schnee schmelzen kann. Kurz gesagt: Eine Wintertour stellt gänzlich andere Anforderungen als Sommertrekking.

Ein Buch, welches Sie perfekt auf Trekking bei Kälte, Eis und Schnee vorbereitet, ist:

📖 **Wintertrekking** von Dietmar Heim und Dirk Klawatzki, Basiswissen für draußen, Conrad Stein Verlag, ISBN 978-3-86686-070-4, € 8,90

Verhalten bei Verletzungen/Krankheiten

Eine Auffrischung des Erste-Hilfe-Kurses schadet vor der Wanderung in die Wildnis nicht und leichte Verletzungen sind mit dem Verbands-Set schnell versorgt.

Wird aber ärztliche Hilfe notwendig, sei es bei schwerwiegenderen Verletzungen oder bei plötzlich auftretenden Krankheiten, so gibt es Probleme, die umso massiver ausfallen, je abgelegener das Wandergebiet ist. Überlegen Sie in aller Ruhe, welche Maßnahmen zu ergreifen sind.

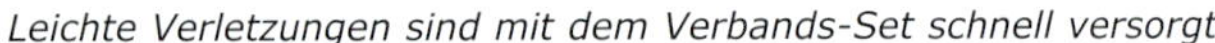
Leichte Verletzungen sind mit dem Verbands-Set schnell versorgt

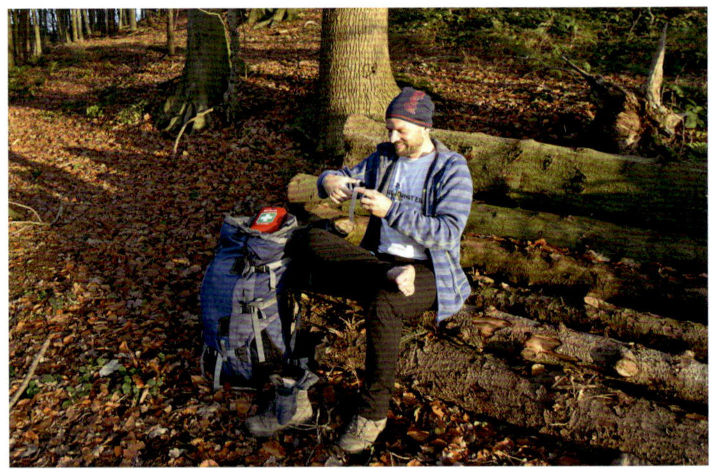

Der Abtransport eines Kranken, der selbst keine Mithilfe leisten kann, ist nur bei Gruppen über zwei Personen möglich. Ansonsten bauen Sie das Zelt auf, legen den Verletzten in den warmen Schlafsack und leisten weiter Erste Hilfe. Versuchen Sie ggf. mit dem Handy Hilfe zu alarmieren. Abseits des Funknetzes helfen Notrufsender (☞ Kommunikation), um Hilfe herbeizuholen, oder Sie müssen versuchen, per Notsignal auf sich aufmerksam zu machen.

- ▷ Alpines Notsignal: Sicht- und Hörsignal alle 10 Sekunden 6-mal hintereinander, dann Pause von 1 Minute. Wiederholen, bis Antwort kommt.
- ▷ Antwort: 3 Signale pro Minute in 20 Sekunden Abstand.

Weitere Möglichkeiten:

- ▷ Abschuss einer roten Signalrakete (z. B. Nico Signalgeber) oder Handfackel bei Nacht bzw. Notsignal mit orangefarbenem Rauch bei Tag bei Annäherung eines Flugzeugs oder Hubschraubers bzw. von Menschen.
- ▷ Signalfeuer vorbereiten und bei Annäherung von Flugzeug oder Hubschrauber anstecken. Als Notsignalfeuer gelten drei Feuer in gerader Linie oder im Dreieck. Wenn nur ein Feuer zur Verfügung steht, unterbrechen Sie die Rauchsäule mittels einer nassen Decke mehrmals.
- ▷ Körperzeichen: Beide Arme schräg nach oben strecken, sodass aus Körper und Armen das Y für Yes, wir brauchen Hilfe, entsteht. Auch dieses Signal ist nur tauglich bei Annäherung von Flugzeugen oder von Menschen.
- ▷ Wenn trotz aller Signale keine Hilfe kommt, muss anhand der Karte überlegt werden, wie schnellstmöglich Hilfe herbeigeholt werden kann.

Tiere unterwegs

Gefahren, die von wilden Tieren wie Schlangen, Bären etc. ausgehen, sind in der Praxis relativ gering. Die Tiere sind sehr scheu und lassen den Menschen, wenn sie nicht durch ihn provoziert werden, meist in Ruhe.

Wer aber zum Beispiel in der Wildnis Kanadas oder Alaskas unterwegs ist, hat sich natürlich so zu verhalten, dass Bären und andere Wildtiere nicht durch unachtsame Lagerung von Lebensmitteln angelockt werden und es zu unliebsamen Besuchen kommt.

Dazu werden die Lebensmittel in einen wasserdichten Sack gepackt. Dann wirft man ein Seil über einen hochgelegenen Ast und zieht den Sack damit hoch, sodass er etwa 2 m vom Baumstamm entfernt und 4 m über dem Boden hängt.

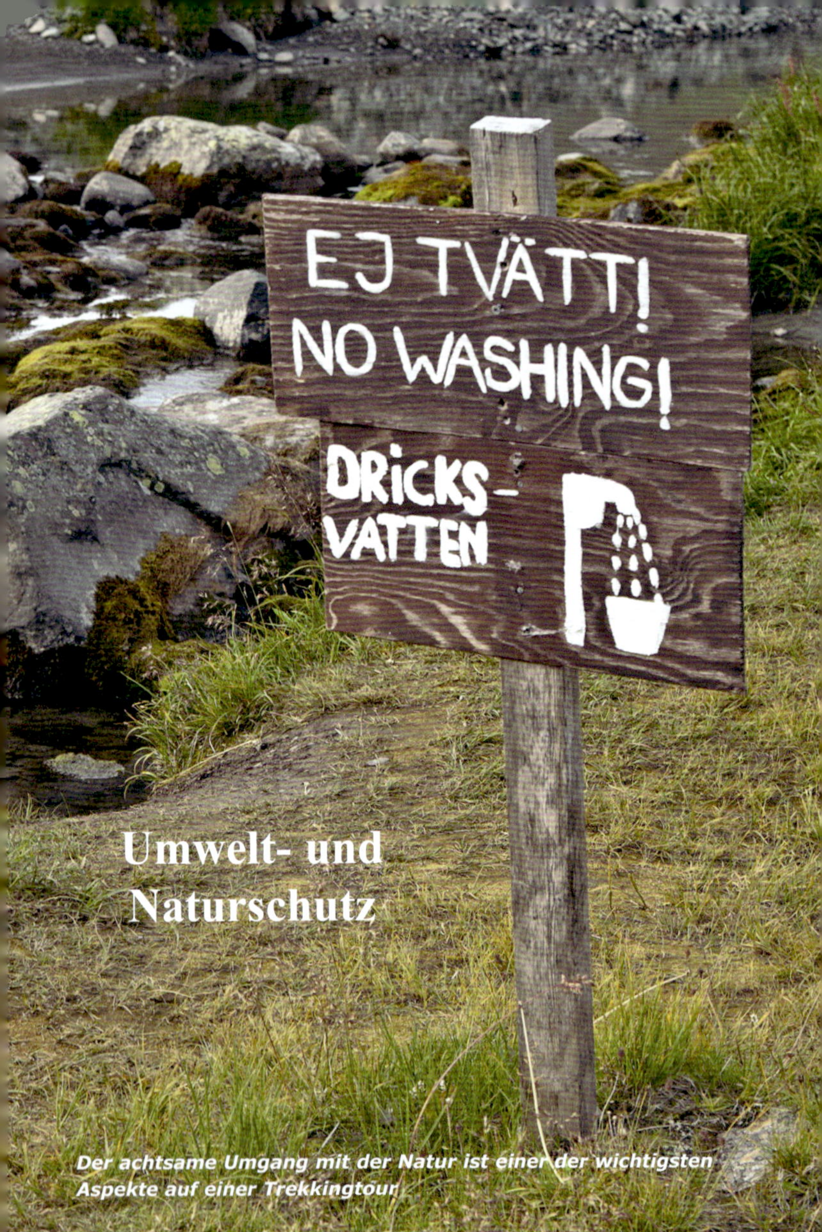

Umwelt- und Naturschutz

Der achtsame Umgang mit der Natur ist einer der wichtigsten Aspekte auf einer Trekkingtour

Auf einer Trekkingtour gilt der Grundsatz: „Hinterlasse nicht mehr als deine Fußspur, nimm nichts mit außer deinem Abfall!" Schließlich geht man in die Wildnis, um die Natur zu erleben, und nicht, um sie zu zerstören.

Viele Trekkingrouten führen durch Naturschutzgebiete oder Nationalparks, in denen besondere Bestimmungen gelten (z. B. Schutzzeiten für Vögel zu bestimmten Jahreszeiten). Informieren Sie sich vorab über die Regeln und Einschränkungen im Tourengebiet.

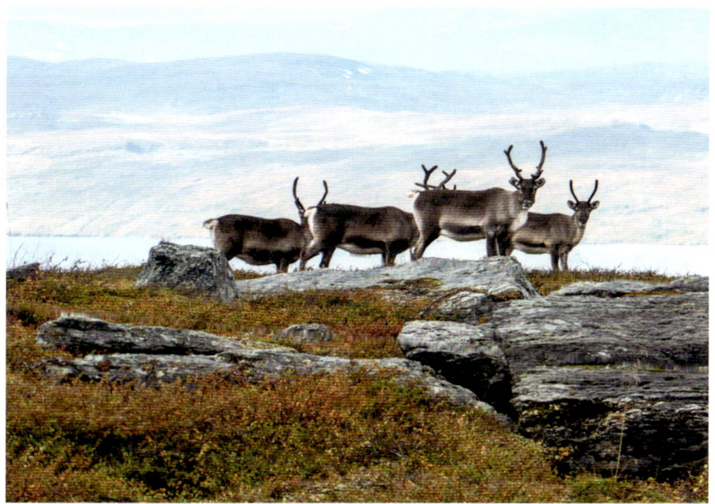

Viele Trekkingrouten führen durch Naturschutzgebiete oder Nationalparks

Mit ein paar einfachen Verhaltensregeln helfen Sie mit, die Natur auch für zukünftige Generationen von Trekkern zu erhalten:

- ▷ Nehmen Sie den Abfall komplett mit.
- ▷ Vergraben Sie Exkremente und Toilettenpapier.
- ▷ Hinterlassen Sie den Lagerplatz so, dass nach wenigen Tagen keine Spuren mehr zu sehen sind.
- ▷ Nutzen Sie nach Möglichkeit vorhandene Wege, Lagerplätze und Feuerstellen.
- ▷ Stören Sie Tiere und Pflanzen so wenig wie möglich.

Packlisten

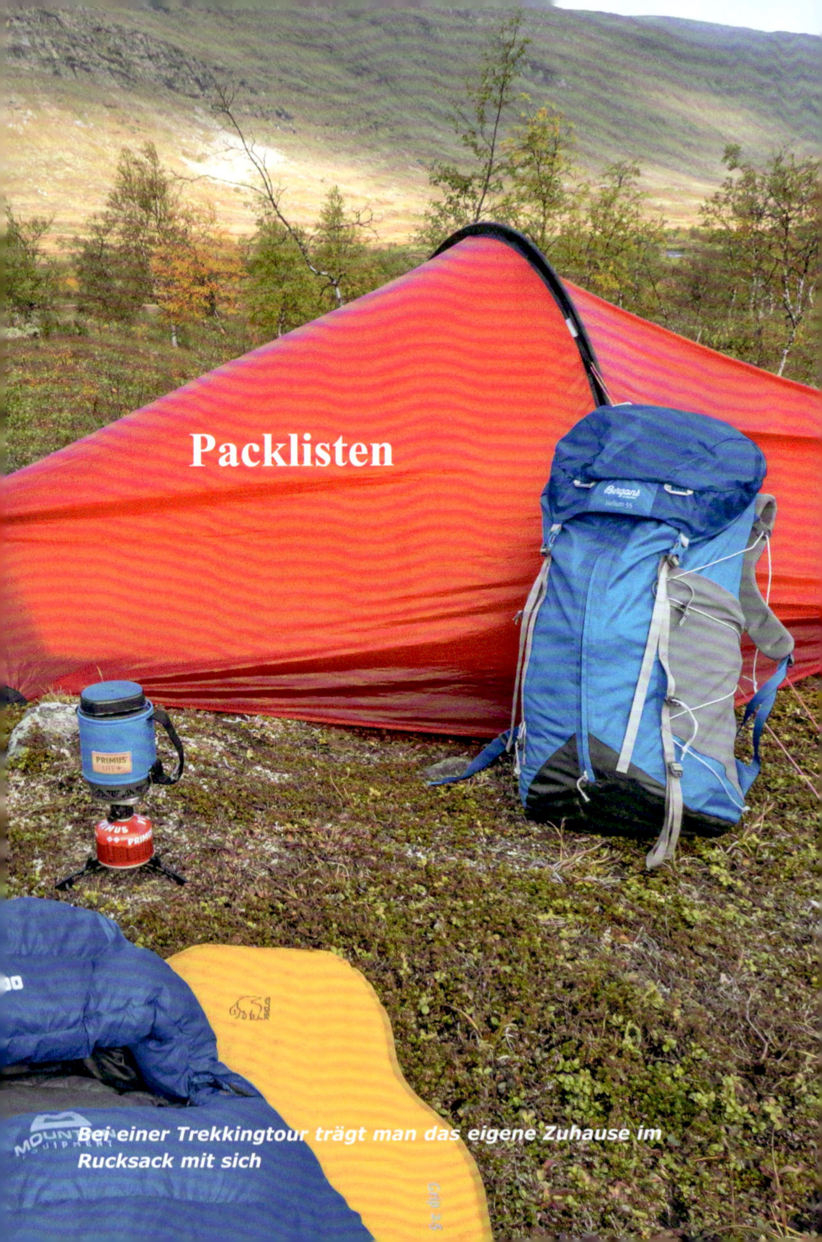

Bei einer Trekkingtour trägt man das eigene Zuhause im Rucksack mit sich

Die nachfolgende Packliste ist als Hilfestellung beim Packen des Rucksacks vor der Abreise gedacht, damit Sie unterwegs alles Wichtige dabeihaben. Was Sie endgültig einpacken, entscheiden Sie natürlich selbst, denn je nach Reiseziel und persönlichen Interessen gibt es Abweichungen beim Zusammenstellen der Ausrüstung. Vogelliebhaber werden trotz des zusätzlichen Gewichts ein Fernglas mitnehmen und wer auf einem der beliebten skandinavischen Fernwanderwege unterwegs ist, braucht weder Axt noch Säge mitzuschleppen, da diese an den Hütten bereitstehen.

Gemeinsame Ausrüstung

Ausrüstungsgegenstand	Gewicht	Eingepackt?
Ausrüstung		
Zelt	___ g	[ ]
Axt/Säge	___ g	[ ]
Spaten/kleine Schaufel	___ g	[ ]
Taschenmesser/Multitool	___ g	[ ]
GPS/Kompass/Höhenmesser	___ g	[ ]
Landkarten	___ g	[ ]
Reise-/Wanderführer	___ g	[ ]
Angelausrüstung	___ g	[ ]
Rucksackküche		
Kocher	___ g	[ ]
Topfset	___ g	[ ]
Brennstoff	___ g	[ ]
Feuerzeug/Streichhölzer	___ g	[ ]
Holzlöffel/Pfannenwender für beschichtete Pfannen	___ g	[ ]
Wassersack	___ g	[ ]
Wasserentkeimung/Aufbereitung	___ g	[ ]
Spülschwamm	___ g	[ ]
biologisch abbaubare Seife (kann auch zum Duschen/Waschen genutzt werden)	___ g	[ ]
Gewürze	___ g	[ ]

Ausrüstungsgegenstand	Gewicht	Eingepackt?
Hygiene/Gesundheit		
Erste-Hilfe-Set	___ g	[ ]
- Heftpflaster		[ ]
- Mullbinden		[ ]
- Leukoplast		[ ]
- Desinfektionsmittel		[ ]
- Schmerzmittel		[ ]
- Medikamente gegen Durchfall		[ ]
- Zeckenzange		[ ]
Tabletten zur Wasserentkeimung/Wasserfilter	___ g	[ ]
Toilettenpapier	___ g	[ ]
Sonstiges		
Duck-Tape	___ g	[ ]
Nähzeug	___ g	[ ]
Gesamtgewicht der gemeinsamen Ausrüstung:	___ **g**	
Aufgeteilt auf ____ Personen ergibt:	___ **g**	**pro Person**

Persönliche Ausrüstung

Ausrüstungsgegenstand	Gewicht	Eingepackt?
Ausrüstung		
Rucksack	___ g	[ ]
Regenüberzug/Regencape	___ g	[ ]
Wanderstöcke	___ g	[ ]
Isomatte	___ g	[ ]
Schlafsack	___ g	[ ]
Stirn-/Taschenlampe	___ g	[ ]
Rucksackküche		
Teller	___ g	[ ]
Tasse	___ g	[ ]
Besteck	___ g	[ ]
Proviant	ca. 800 g/Tag	[ ]

Ausrüstungsgegenstand	Gewicht	Eingepackt?
Hygiene/Gesundheit		
Waschbeutel	___ g	[ ]
- Zahnpasta und -bürste		[ ]
- Bürste/Kamm		[ ]
- (Sonnen-)creme		[ ]
- Mückenschutz		[ ]
- Rasierzeug		[ ]
- Fettstift für Lippen		[ ]
- Tampons/Binden		[ ]
(Mikrofaser-)Handtuch	___ g	[ ]
Bekleidung		[ ]
lange Trekking-Hose	___ g	[ ]
kurze Trekking-Hose	___ g	[ ]
T-Shirts	___ g	[ ]
(Funktions-)Unterwäsche	___ g	[ ]
Fleecepullover	___ g	[ ]
(Funktions-)Hemd	___ g	[ ]
Outdoor-Jacke	___ g	[ ]
Regenhose	___ g	[ ]
Socken	___ g	[ ]
Mütze	___ g	[ ]
Wanderschuhe	___ g	[ ]
Sandalen	___ g	[ ]
im Sommer: Badehose	___ g	[ ]
im Herbst: dünne Handschuhe	___ g	[ ]
Sonstiges		[ ]
Mobiltelefon	___ g	[ ]
(Bestimmungs-)Bücher/ebook-Reader	___ g	[ ]
Fotoausrüstung	___ g	[ ]
Ersatzbatterien	___ g	[ ]
Tagebuch und Stift	___ g	[ ]
Sonnenbrille	___ g	[ ]

Ausrüstungsgegenstand	Gewicht	Eingepackt?
Papierkram	___ g	[ ]
- Fähr-/Flugtickets		[ ]
- EC-/Kreditkarte		[ ]
- Personalausweis		[ ]
- Führerschein		[ ]
- Adressbuch (sofern nicht im Handy)		[ ]
- Auslandskrankenversicherung		[ ]

Zusätzliche Winterausrüstung

Ausrüstungsgegenstand	Gewicht	Eingepackt?
Ausrüstung		
Rucksack	___ g	[ ]
Wanderstöcke	___ g	[ ]
eventuell Pulka		[ ]
Tiefschneeteller für die Wanderstöcke		[ ]
Schneeschuhe/Skiausrüstung		[ ]
Schneeschaufel	___ g	[ ]
Rucksackküche		
bei Spirituskocher: Wintersatz zum Vorwärmen	___ g	[ ]
Thermoskanne	___ g	[ ]
Bekleidung		
lange Funktionsunterwäsche	___ g	[ ]
gefütterte Outdoor-Jacke	___ g	[ ]
Sturmhaube	___ g	[ ]
Halstuch/Schal	___ g	[ ]
dünne Unterziehhandschuhe	___ g	[ ]
(Faust-)Handschuhe	___ g	[ ]
Gletscherbrille	___ g	[ ]
Gamaschen	___ g	[ ]
Winterstiefel mit herausnehmbaren Innenfutter	___ g	[ ]
Gesamtgewicht	___ g	

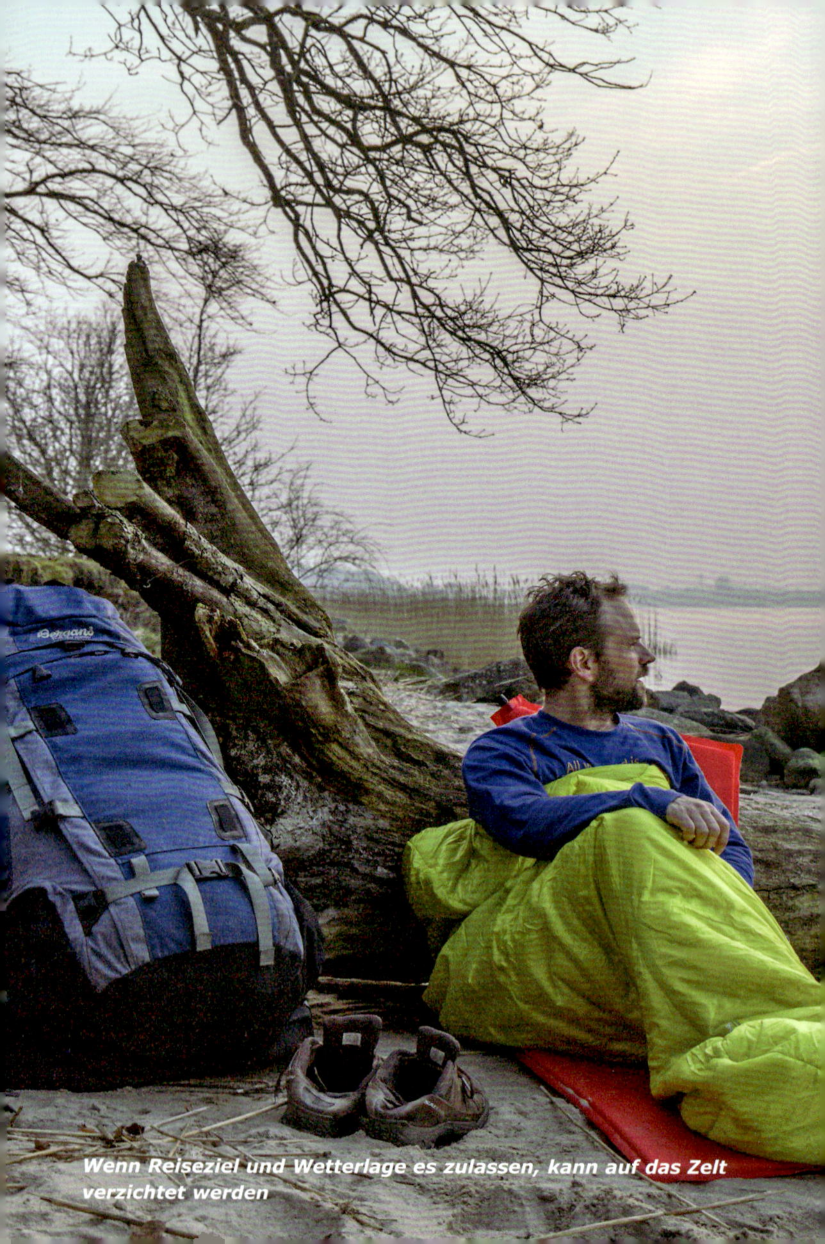

Wenn Reiseziel und Wetterlage es zulassen, kann auf das Zelt verzichtet werden

Index

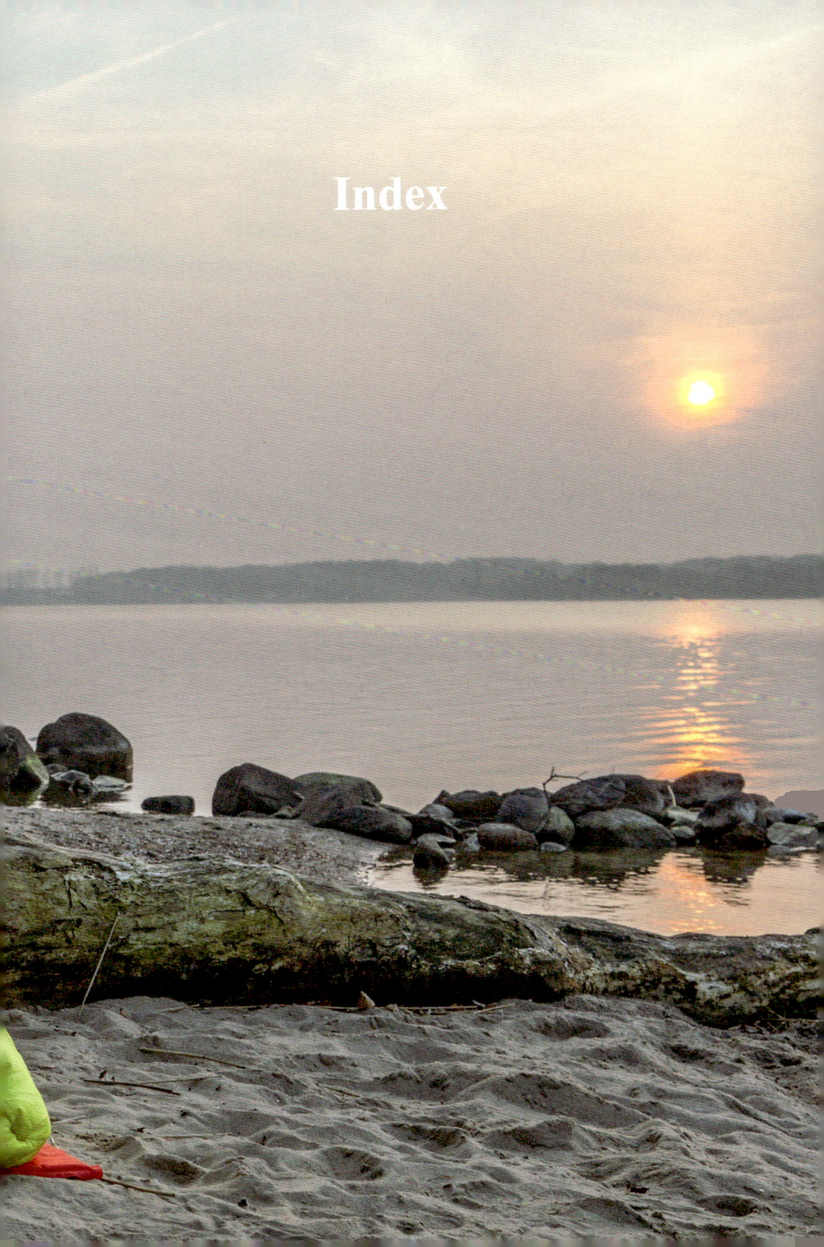

A

Abdeckleiste 39
Abkochen 60
Accessoires 37
Alpines Notsignal 82
Atmungsaktivität 35
Ausrüstung 33

B

Bären 83
Barometer 69
Baumwolle 38
Bekleidung 34
Benzinkocher 56
Berghafer 59
Blasenpflaster 39
Bodenfach 50
Bodenplane 44
Bohnensack 72
Brennstoffverbrauch 58

C/D

Chemische Wasseraufbereitung 60
Deckelfach 72
Dehydrierte Nahrungsmittel 60
Dermizax 37
digitale topografische Karte 68
Drei-Lagen-Laminat 37
Dreiergruppe 12
DSLR 72

E

Eipulver 61
Eis 80
elektronische Karten 29
Energiebedarf 61
Ersatzakku 50
Erste-Hilfe-Set 48
Essgeschirr 59
eVent 37

F

Fahrtenmesser 47
Faradayscher Käfig 79
Fitness 32
Fleece 35
Flüsse 80
Fotografie 72
Funktionsmembran 37
Funktionsunterwäsche 34

G

Gamaschen 39
Gaskartuschen 57
Gaskocher 56
Gefahren 77
gefühlte Temperatur 80
Geocaching 68
Geodätisches Zelt 44
Gewitter 79
Gletscherbrille 90
Global Positioning System 67
Göffel 59
GoreTex 37
GPS 67
Gruppenreisen 12

H

Halo 78
Höhenlinien 28
Höhenmesser 69, 79
Hüftgurt 51
HyVent 36

I

Informationsbeschaffung 25
Internetforen 14
Isolation 35
Isomatten 42

K

Kinder 69
Klappspaten 48

Kocher 56
Kochgeschirr 59
Kommunikation 73
Kompaktkamera 72
Kompass 66
Krankheiten 82
Kuppelzelt 44

L

Ladegerät 29
Lagerfeuer 71
Lagerplatz 70
Landkarten 26
Lastenkontrollriemen 52
Lastenverteilung 52
Lippenschutzcreme 49
Luftdruck 79

M

Mehrstoffkocher 56
Messbecher 50
Multitool 47

N/O

Naturschutz 84
Nebel 79
Orientierung 66

P

Packliste 87
Partnerwahl 12
Peilpunkt 67
Persönlicher Bedarf 50
Proviant 60

R

Reiseplanung 24
Reparatur-Set 49
Rotweinpulver 60
Routen in Europa 15
Rückentrage 69
Rucksack 50
Rucksack richtig einstellen 51
Rucksackapotheke 48
Rucksackküche 55
Rucksackregenhüllen 51

S

Satellitentelefon 74
Schaufel 48
Schlafsack 39
Schlangen 83
Schlechte Sicht 79
Schnee 80
Schuhwerk 38
Schultergurte 51
Sicherheitshinweise 21
Signalpfeife 49
Smartphone 68
Softshell-Jacke 35
Sohle 38
Solarladegerät 50
Solotrekking 12
Sonnenhut 37
Spirituskocher 57
Standortbestimmung 66
Stirnlampe 48

T

Taschenlampe 47
Taschenmesser 47
Temperaturangaben 40
Tiere 83
Topf 59
Trekking weltweit 20
Trekking-Kalender 29
Trekkingsocken 38
Trekkingstiefel 38
Trekkingstöcke 46
Trekkingziele 14
Trinkwasser 59
Tunnelzelt 45

U

Umwelt 84
Unterkühlung 80
UV-Licht 60
Uzu zweit 12

V

Verletzungen 82
Verpacken der Lebensmittel 61
Verpflegungsplanung 62
Vierergruppe 13
Vorbereitung 25

W

Wanderführer 26, 59
Wärmekragen 40
Wasserentkeimung 60
Wasserfilter 60
Waten 80
Wetterschutz 35
Wettervorhersage 78
Wetterwechsel 69
Windchill 80
Wintertrekking 81

Z

Zelt 42
Zeltgestänge 43
Zeltplatzwahl 70
Zwei-Lagen-Laminat 37
Zwischenmahlzeit 61